焊接工艺的创新者

张翼飞

戴艺昕◎著

吉林出版集团股份有限公司

全国百佳图书出版单位

图书在版编目（CIP）数据

焊接工艺的创新者：张翼飞 / 戴艺昕著. -- 长春：
吉林出版集团股份有限公司, 2024.9. -- （"中国劳模"
系列丛书 / 徐强主编). -- ISBN 978-7-5731-5386-9

Ⅰ. K826.16

中国国家版本馆CIP数据核字第20245QE820号

HANJIE GONGYI DE CHUANGXIN ZHE: ZHANG YIFEI

焊接工艺的创新者：张翼飞

出 版 人　于　强
主　　编　徐　强
著　　者　戴艺昕
组稿统筹　东北师范大学文学院创意写作研究中心
责任编辑　于　欢
装帧设计　刘美丽

出　　版　吉林出版集团股份有限公司
发　　行　吉林出版集团社科图书有限公司
地　　址　吉林省长春市南关区福祉大路5788号　邮编：130118
印　　刷　唐山富达印务有限公司
电　　话　0431-81629711（总编办）
抖 音 号　吉林出版集团社科图书有限公司　37009026326

开　　本　710 mm×1000 mm　1 / 16
印　　张　9
字　　数　90 千字
版　　次　2024 年 9 月第 1 版
印　　次　2024 年 9 月第 1 次印刷

书　　号　ISBN 978-7-5731-5386-9
定　　价　55.00 元

如有印装质量问题，请与市场营销中心联系调换。0431-81629729

序 言

　　劳动创造财富，劳动创造幸福，劳动创造未来。习近平总书记在2020年全国劳动模范和先进工作者表彰大会上的讲话中指出："全社会要崇尚劳动、见贤思齐，加大对劳动模范和先进工作者的宣传力度，讲好劳模故事、讲好劳动故事、讲好工匠故事，弘扬劳动最光荣、劳动最崇高、劳动最伟大、劳动最美丽的社会风尚。"当今世界，综合国力的竞争归根到底是科技人才和高素质劳动者的竞争。改革开放以来，我们强大的工人队伍用辛勤的劳动和拼搏奉献的精神推动中国制造、中国智造、中国创造走向世界的前列，使新时代的中国面貌日新月异。大力弘扬劳模精神、劳动精神、工匠精神，加强高素质技能人才队伍建设，打造一支宏大的知识型、技能型、创新型劳动者队伍，是伟大时代赋予我们的历史责任。

　　劳动模范是民族的精英、人民的楷模，是共和国的功臣。自改革开放以来，广大职工勇立改革潮头，独立自主，奋发图强，勇于创新，其中涌现出一批批全国劳模和大国工匠。他们参与建设了代表中国高度、中国速度、中国深度的一系列重大工程，提升了国家实力，打造了"中国名片"，树立了"中国品牌"，增添了"中国力量"，充分释放出工人阶级的创新活力，展示出大国工匠的强大创造力。他们以工人阶级的满腔热忱在各自平凡的工作岗位上取得了辉煌的成绩，书写了新时代的壮丽篇章。

爱岗敬业、争创一流、艰苦奋斗、勇于创新、淡泊名利、甘于奉献的劳模精神，崇尚劳动、热爱劳动、辛勤劳动、诚实劳动的劳动精神和执着专注、精益求精、一丝不苟、追求卓越的工匠精神，是广大劳动群众在社会生产实践中锤炼形成的弥足珍贵的精神财富，是工人阶级伟大品格的具体体现，是民族精神和时代精神的生动诠释。民族复兴需要劳动模范，祖国强盛需要大国工匠，中国制造、中国智造、中国创造更需要大国工匠的强有力支撑。劳模、工匠等的成长故事、先进事迹中承载的劳模精神、劳动精神和工匠精神，是激励全国各族人民团结奋斗、勇往直前的强大精神力量。

"中国劳模"系列丛书，采用图文结合的方式，讲述全国劳模、大国工匠和先进工作者们的成长经历及他们追梦、筑梦、圆梦的故事，用他们在平凡岗位上创造不平凡业绩的真实故事感染读者，推动形成劳动最光荣、劳动最崇高、劳动最伟大、劳动最美丽的社会风尚，引导广大技术工人和青少年形成劳动光荣、技能宝贵、创造伟大的观念。

"匠心筑梦，强国有我。"新时代是一个万象更新、生机勃勃的时代，也是一个继往开来、创新创业和建功立业的大时代。希望广大读者能以劳动模范为榜样，以大国工匠为楷模，立志技能报国、技术强国，踔厉奋发，勇毅前行，锤炼思想品格，汲取劳动智慧，勇于担当、勤于钻研、甘于奉献，为推进新型工业化和乡村振兴，为加快建设制造强国、质量强国、航天强国、交通强国、网络强国、数字中国、农业强国，全面建设社会主义现代化国家贡献青春力量。

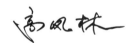

中华全国总工会副主席（兼）

中国航天科技集团有限公司第一研究院

211厂14车间高凤林班组组长

2022年11月

扫码解锁

◉群英颂歌◉致敬匠心
◉精进技艺◉奋斗底色

传主简介

张翼飞，1957年2月28日出生，现为沪东中华造船（集团）有限公司*退休员工，曾任上海技师协会副会长。曾获得中华技能大奖、全国技术能手、上海市劳动模范、上海市技术能手、上海市优秀技师等多项荣誉，2010年被评为全国劳动模范。从业期间培训百余人次，熟练掌握100多种焊材的焊接技术，能够根据不同焊材灵活调整固定参数，带领沪东中华造船（集团）有限公司在多次交船博弈中取胜。取得多项发明专利，著有多篇学术研究论文，至今仍笔耕不辍。2021年，张翼飞师徒三人撰写的《船舶电焊工基础工艺》由哈尔滨工程大学出版社出版。

---

*沪东中华造船（集团）有限公司于2001年4月由原沪东造船厂与原中华造船厂合并重组成立。

1977年，张翼飞进入沪东造船厂，成为一名电焊工。在工作期间，他勤奋刻苦，努力学习。

在1979年、1987年、1989年，张翼飞多次参加焊接比赛，取得优异的成绩。

1988年，张翼飞取得了沪东造船厂有史以来第一张6GR级焊工证书。

1998年，张翼飞创造了至今无人能破的纪录——一口气焊完8米长的焊缝，一夜之间"焊神"的名号传遍工厂。

2002年，张翼飞顶着巨大的压力，承接下054型导弹护卫舰的建造。他带领团队先后突破了特殊钢板焊接难题、焊后腐蚀难题。

张翼飞专注于人才培养，为国家的焊接事业输送大量人才。2010年获得人力资源社会保障部颁发的"国家技能人才培育突出贡献奖"。近年来，张翼飞投身于公益事业，同时牵头研发"细丝埋弧自动焊横对接焊接设备及焊接工艺技术"，并推动其运用与普及。该项技术已成为中国船舶建造史上的一项革命性创造，推动国家海防事业的不断发展。

目　录

第一章　春鸟

扫码解锁

◎群英颂歌◎致敬匠心
◎精进技艺◎奋斗底色

焊条是他的"武器"

20世纪60年代的上海经济迅速发展，黄浦江边的单桅帆船从浦东渡至浦西，倾耳听，弄堂里广播缓缓作响，正在唱"江南江北风光好，怎及青纱起高粱"。

男孩们成群结队，在巷子里拉出长长的影子。道两旁是高墙与黄壤，一个小男孩兀自站在夕阳下，他穿过人群，径直走向映在瞳孔中的那个光点。

昨夜母亲刚刚告诉他："不要看那电光，看了会瞎眼。"

他抬起头问母亲："可是您还没告诉我那是什么。"

只过了一日，他就忘记了母亲的叮嘱。他好奇那根铁条为何一接触铁板便能迸发电光，他好奇为何看了那电光就会瞎眼，他好奇着他那个年龄该好奇的一切。

终于，在这样一个夕阳西下而烟霞破碎的傍晚，他走向那片电光，而这一去，便是一生。

巷中的焊接工人头戴防护面具，他觉得稀奇；工人手上戴着防火手套，他也想摸摸，想看看。那个年代玩具寥寥无几，这样的碰撞与电光足以勾起一个孩子的好奇心。那两个焊接工人抬起头来，摘下面具，问在一旁看了好久的男孩："你是哪家的孩子，叫什么名字？"

一个稚嫩的声音响亮地回答："我叫张翼飞！"

弄堂里有一家很小的工具厂，废弃的焊条随处可见，放学路上的张翼飞时常和伙伴们到处收集焊条。短短的焊条到他们手里就成了称手的"武器"，夕阳照在他们的后背上，为手中的焊条镀了一层金色。张翼飞那时候常常拿着焊条当作长剑，是幻想又或许是猜测，他在向未来的自己发问："这根焊条是怎么发光的呢？"只是这一问一答，或许要横跨20年之久。

母亲曾为张翼飞对焊条的好奇心头疼过，虽然看了电焊产生的强光不一定会瞎眼，但它终归是伤眼的。她有时候会看到张翼飞总是忍不住偷瞄电焊的光，虽然担心，但她还是默许了儿子有一个属于他自己的儿童时代的梦。

在那样的一片土地上，那个手握焊条的男孩慢慢地长大了。

在书中找自己

早在张翼飞刚上小学时，读书就成了他唯一且专注的乐趣。保尔·柯察金像钢铁一样，刘关张侠肝义胆，诸葛亮运筹帷幄……张翼飞认认真真地读书，放下书的时候，那些正面的人物形象就浮现在他的脑海中。他在想他要怎样做才能成为那样的人。年幼的张翼飞，正在潜移默化地提升自己。

这种沉浸在书海中的安静放在过去的那个年代就显得更加安静——过去一家总是有好几个孩子，几个孩子性格脾气不同。张翼飞沉默寡言的性子和其他孩子形成了鲜明的对比。

在张翼飞的舅舅、舅妈恋爱的时候，哥哥弟弟总是比张翼飞活跃，更愿意讲话，也显得更机灵。哥哥总要跟着舅舅出门，一直跟到路口的商店，直到舅舅买零食给他，他这才肯离开。弟弟的性格更为坦率，想要什么会大声而没有顾忌地告诉

⊙ 张翼飞（左）儿时与哥哥的合影

全世界。张翼飞读书早，开智也早，他那时候总是觉得父母养育他们四兄弟不容易。对于内心的渴求，他总是能不提就不提；对于想法，总是能少说就少说。再长大一点的张翼飞开始期望着自己可以尽快赚钱补贴家用，早日减轻家庭负担。

但大人不懂，在他们看来，这个孩子总是寡言又少语。外婆摸着张翼飞的小脑袋，短短的头发直挺挺地扎手，她害怕这个孩子将来没有出息。这种害怕的声音渐渐传到一个舅公耳中。舅公很看好张翼飞，腼腆和内向并非缺点，更何况在张翼飞沉默的时刻，他的精神尚在著作中遨游。舅公鼓励张翼飞多读书，也肯定他的沉默，并告诉他很多事情都不应该不假思索，然后随意宣之以口，有时候沉默比喧哗更意味深长。

每每到舅公家中做客，舅公总是与张翼飞最为亲近。舅公时常和外婆讲，四兄弟当中，最有出息的一定是张翼飞。张翼飞幼时对于"出息"这个词语是懵懂的，他无法清楚地理解舅公的话，但他看得懂舅公眼底的赞赏，以及外婆眼中的关心。

波折后遗症

　　1957年出生的张翼飞，少年时期的求学几经波折。

　　虽不至于"负箧曳屣，行深山巨谷中"，但在张翼飞的少年时代，他一路迎晨光熹微，从国货路小学行至家门口的民办学校，最后于车站路第一小学毕业。

　　张翼飞就读于国货路小学时，一到三年级的班主任是顾老师。顾老师为人友善，对孩子们来说是一个慈祥的老奶奶，张翼飞并不畏惧她。在时光的涓涓细流中，一些沉淀到心底的回忆慢慢浮现心头，张翼飞总能想起来年少时的一桩桩、一件件温暖的小事。

　　张翼飞记得顾老师的手指有一点粗短，当自己不会系红领巾时，顾老师总能帮他迅速系好。张翼飞不像旁的孩子那样外向、爱讲话，却也不至于不合群。他和朋友们弹弹珠的时候，笑着露出长得歪歪扭扭的幼齿，那玻璃珠子顺着学校红砖的缝隙滚啊滚，顾老师就背着夕阳的光拾起来交给他。

张翼飞很多年之后时常想，虽然自己的童年实在普通至极，但总有些光和热像时间沙砾中的金子。每每午夜梦回，张翼飞也总想起幼时有双手替他系好红领巾，在今朝回忆时也仿若为他抚平额前紧蹙的眉头。

正所谓"黑发不知勤学早，白首方悔读书迟"，童年是人生的黄金时期，在幼时就经历了求学波折的张翼飞心中，接受教育的机会极其珍贵。这种人生经历也促使他在之后的生活中不断地拿起书来，既已知学识宝贵而境遇难料，那不妨在所有能拥有的瞬间认真地阅读与学习。

对张翼飞而言，因为他频繁地更换学校，所以适应能力就成为他应对多变环境的必备素质。昨日还一起做作业的伙伴今天就要分离，明天又将遇见新的朋友，后天新友将成旧友，而旧友又要离别。

这些短暂的经历更像是有保质期的罐头，而保质期的时间迷蒙不可见。

那些朋友们曾真切地带给张翼飞幸福。在迷茫的青少年时期，在沪上弄堂光影的重叠下，张翼飞反复地经历着和不同的人结识，然后再次回归孤身一人的循环。什么是永远？什么是稳定？年少的张翼飞思考这些问题的机会很少。比起这些虚浮的东西，他可能更关注今晚的作业、明天母亲做的午饭。一个孩童对离别和相遇是充满钝感的，但这并不意味着离别与相遇丝毫不能激起他情绪上的波动。

未来遥远，与其忧虑明日的漂泊与悲伤，不如脚踏实地，在当下的土壤里开出切实可观的花。

"老师，我真的没有作弊"

小学毕业后，张翼飞升入初中。像那个年代许多工人家庭的子女一样，他也在一个相对宽松的家庭环境中长大。比起在学习上拿到第一名，张翼飞的父母更多的时候期望他顺利长大。上初中时，张翼飞对于学习的态度并不端正，按照他自己的说法就是"混日子"。

游戏总是显得要比课本有趣，小人儿书里总是藏着全世界的奥秘，每个人都经历过对语文书乱涂乱画的年纪。就这样迷茫着，无聊着又幸福着，张翼飞不知不觉就过完了少年时期。

初中时期，张翼飞经常觉得日子过得很慢，一篇课文来来回回地学，那条亮着路灯、自学校通向家的路永远走不到尽头。然而走着走着，毕业大考又很快来到。

张翼飞毕业那一年正赶上教育改革。从前无论成绩高低都

⊙ 中学时期的张翼飞

能毕业，但从这一年开始实行升留级制度，那就意味着并非每个人都能按时正常毕业，成绩不合格者会面临留级。张翼飞少年早熟，比起在象牙塔里继续学习，他更想早点毕业，参加工作赚取酬劳，为家庭分担重担。但张翼飞的学习基础薄弱，要想顺利毕业谈何容易？

张翼飞是幸运的。他有个朋友在隔壁班级担任班长，学习也很好。正所谓"近水楼台先得月"，连续多个夜晚，张翼飞都拜托他帮忙补课。在摇曳的灯光下，在笔与纸摩擦的沙沙声中，张翼飞穷尽所能地汲取着过往三年没有认真学习过的知识，直到迎来第一次检测考试。

那天下午阳光正好，老师在课堂上讲"孔雀东南飞，五里一徘徊"。下课后，张翼飞从书本中抬起头，对上了数学老师站在教室门外那意味深长地看向自己的眼神。"张翼飞，出来！"

张翼飞放下手中的笔跟着数学老师一路来到办公室。数学老师什么也不说，只是一进到办公室就拿出几道题给他做，张翼飞一声不吭地慢慢做完。数学老师看了之后什么都没说，只是诧异地看了他一眼，便摆摆手让他回去了。

张翼飞当时只将这件事当作生活中的一个插曲，直到第一次检测考试的分数下发（张翼飞取得了前所未有的好成绩），他才后知后觉地意识到之前那次抽测意味着什么。

数学老师探究的眼神以及对张翼飞完成答题后的诧异，这一切都指向着一个推测——数学老师怀疑他作弊。

张翼飞那个时候是很扬眉吐气的，他用实际行动证明着："老师，我真的没有作弊。"

自那次测试之后，张翼飞心中也有了对自己真实的估量。

"如果认真读书的话，我肯定是行的。"张翼飞在很多年之后这样说道。

命运的推手

张翼飞初中毕业时其实并没有太多的就业选择。按照当时的就业政策，哥哥已经工作于上海市的崇明农场，张翼飞是无法进入工厂的。但是如果想进入国有企业工作，也并非全无机会，前提是张翼飞要去技校学一门技术。

然而张翼飞自己的想法总是更急迫，初中毕业的他急切地想进入社会赚钱，为家庭分担重担。他和老师说，无论是去菜场卖菜还是去理发店当学徒，他都能做，只要让他毕业工作就好。

张翼飞的老师不是这样考虑的，以他的经验来看，张翼飞确实是个很有发展潜力的学生。在冲刺毕业考试的时候，张翼飞像棵挺拔的小白杨，经过数十天的突击便可让人刮目相看。老师无论从哪个方面考虑都是期望张翼飞能继续读技校深造的。

老师将自己的想法告诉了张翼飞的母亲，两人一拍即合，第一次站在人生十字路口的张翼飞按照母亲的想法去读了技校。

知子莫若母。张翼飞心中所想，他的母亲完全知晓。张翼飞的母亲并非独断专行，也尊重孩子自己的想法。她完全是凭借自己的人生经验，尽可能地在帮助张翼飞选择一个更光明的前景。

"孩子，你一定要大胆地奔跑，家庭从来都不是你年幼的肩膀不得不承担的重担，而是你疲惫后休憩的静园和港湾。"张翼飞的母亲用实际行动向张翼飞诠释着她的用心良苦。

得遇良师

沪东造船厂技工学校是现在沪东中华造船集团高级技工学校的前身，始建于1958年，以开设与现代社会经济发展相适应的二产类专业为主，分为两大专业群：船舶类和通用类。张翼

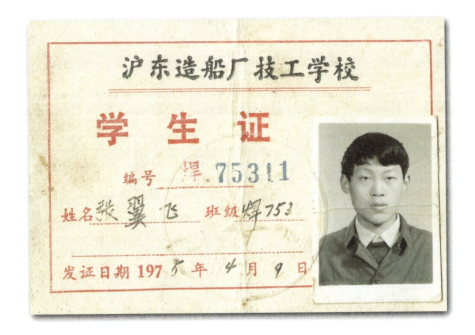

⊙ 张翼飞在沪东造船厂技工学校的学生证

飞就读于船舶类中的船舶制造与修理专业。船舶类专业是沪东造船厂技工学校的龙头专业。张翼飞入学那一年，学校总计招了三个电焊班，张翼飞的实践水平处在中上游，因此他在第一次下班组实习时被分配到了焊接"雄鹰班"。当时，社会对于实践操作技术的需求要远远超过对理论能力的需求，因此，张翼飞在上学期间所学的大多数都是实际操作而非具体的理论。

初学的技艺大多很基础，但这对于刚踏入焊接大门的技校学子们来说无疑还是艰难的。

"当时我们都不会干活。"很多年之后，张翼飞这样评价初入技校的自己和同学们。

那时候技校里有两个代班老师——凌老师和杨老师。张翼飞好学，悟性也高，常常一门新工艺，不需多时即可学会。两个老师都很喜欢这个沉默寡言的男孩。

在两位老师中，凌老师做活精细，又不善言辞，头发时常梳得"一丝不苟"，一样的工服穿在凌老师身上总是显得格外合身。有时候张翼飞灰着脸，低着头，一米八几的个子窝在角落里焊接。凌老师往往一路从工厂的这头检查到那头，仔细寻找才能找到张翼飞。

凌老师不喜多言。张翼飞初学焊接，由于技术不到位经常导致焊缝间隙过大。凌老师注意到了，他缓步来到张翼飞跟前，先告诉张翼飞初始要做些什么，然后再对准张翼飞刚刚焊完的焊缝一点点地填补，等焊缝填补结束了，再一个鳞片一个鳞片地从下往上焊。张翼飞在很多年之后回忆起这一幕，他还是觉得自己填补焊缝的工艺之所以精细，就是因为在那个时候打下了坚实的基础。那些鳞片盘旋而上，像一层一层生长又绽放的钢铁烟花，它们一簇簇地开，直到足够精致为止。凌老师总是现身说法，自己给张翼飞演示一遍后再看着张翼飞焊接。由此几次，张翼飞的焊接技术自然突飞猛进。

论焊接速度，杨老师在整个沪东造船厂技工学校是首屈一指的。张翼飞做一件事总是喜欢慢慢地磨，磨出自己的一套方法和公式来。

杨老师见了就说："张翼飞，你这样要焊到什么时候去？"杨老师喜欢教张翼飞一些提升焊接效率的小窍门，张翼飞于是又在精细的基础上提高了速度。

在张翼飞的学徒阶段，比起抽条生长，更多的时候是在剪掉多余而繁杂的枝杈。学艺总是要先拜师，师之所成往往化作徒之所得。在往后的焊接工艺路上，凌老师和杨老师所教授的知识每时每刻都涌现在张翼飞脑海中。每当张翼飞焊接时有半分犹疑、半分困惑，他解决问题的底层逻辑都永远来自凌、杨两位恩师。

别人眼中的高级学徒工

在技校学过实际操作后，张翼飞就直接进厂干活了。但在校学习与进厂实践还是有所差距的，这一度让张翼飞彷徨和迷茫。

水平焊接是每个焊接初学者的"必经之路"。焊接炮架中间是空的圆盘形状，为提升焊接效率，也为了更省力，工人们往往需要做一个轴，以便在焊接过程中不断地转动圆盘，这种方式是最省力的，同时也能保证质量，更重要的是这种焊接方式是前人沿袭下来的，以往的经验已经确认此种方式可行，因此水平焊接对于学徒工来说是最实用的方式。张翼飞在掌握水平焊接之后，马上产生了新想法。他在别人都在水平焊接的时候就开始把圆盘立起来焊，这样的焊接既笨拙又费力，想要达到与水平焊接相同的质量往往需要付出更多的努力。

在那段时间里，张翼飞的立式焊接是不被理解的，甚至很多人觉得他头脑不灵光。人人都在走的路确实平稳安全，但总少了些挑战性。同届的学徒有人背地里说他"轴得很"，张翼飞"充耳不闻"。终于有个好奇的同学去问他："为什么你放着轻松的水平焊接不做，却偏要尝试立式焊接呢？"张翼飞摇摇头说："人人都能做到的事情我要做到，人人都做不到的事情我也要做到。"

如今回首，不难发现，张翼飞不断地给自己"上难度"的原因是他有一颗不断渴望进取的心。那些苦苦磨炼焊接技术时流下的汗滴正是张翼飞一路走来的印记，是张翼飞在沪东造船厂的印记。

他堵上耳朵，说："我自有我道。"

时过境迁，我们可以看到，张翼飞的确做到了。

数月的立式焊接培养了张翼飞超过其他学徒的耐力和钻研能力。如果说水平焊接对应着C级别的难度，那么立式焊接就对应着A级别。张翼飞熟练掌握立式焊接后，再去做水平焊接，堪比高中毕业生再读小学三年级的课本。熟能生巧，之后再另辟蹊径。不满足于当下所学，永远求知若渴，永远对新鲜事物的尝试感兴趣，这是少年时的张翼飞所为，也将贯穿张翼飞的一生。现如今的张翼飞依然时刻关注最前沿的焊接技术，带领众人开辟出崭新的路径。

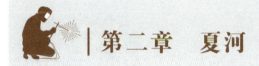

第二章　夏河

扫码解锁

◉群英颂歌◉致敬匠心
◉精进技艺◉奋斗底色

"非标准"劳模

1977年，张翼飞正式从技校毕业，进入沪东造船厂工作。

那时，张翼飞的家庭情况很一般。四兄弟中，大哥虽然已经工作，但也仅仅能够养活自己一人而已。仅靠张翼飞父母二人的微薄收入养活一大家子人，经济压力可想而知。

"所有的努力都是为了多挣点钱。我知道父母不容易，所以我要多挣点钱，让家里日子好过一点。"进入沪东造船厂之后，同期的学徒聊起各自进厂的原因时，张翼飞如是说。

张翼飞是个非常顾家的人，虽然名字有腾飞之意，但他的根始终深深地扎在家中。比起飞行的青鸟，张翼飞更像有线的风筝，他迎风而上，顺势而飞，但永远被一根细线牢牢地牵系着。

那根细细的线就是家庭。未成婚之前，张翼飞心里记挂的是父母兄弟；成婚之后，张翼飞心中又多了两个重要的人——

妻儿。

如何平衡好工作和家庭，这是现代人永远都绕不过去的一个话题。

沪东造船厂有许多劳动模范，他们朝往而暮归。规定上班时间是七点半，但许多人六点半甚至更早就到了工作岗位，早早地擦拭器具，为新一天的工作做好准备。张翼飞时常看着劳模们的工作态度便开始自省，他觉得自己与厂里的劳模相比不够努力，不够上进，但实际上张翼飞的工作态度有目共睹，沪东造船厂人人对他交口称赞。他在欣赏别人的时候，殊不知自己也成了别人眼中的风景。

初入工厂的时候，张翼飞渴望进步，渴望在一日日的焊接工作中精进自己的技术。对于张翼飞而言，早出晚归是常事。他踏熹微的晨光去单位，经常在工友已经酣然入梦的时候，张翼飞才刚刚扣好工厂的铁锁，骑上自行车，行驶在并不平整的石子路上。

张翼飞家所在的那条弄堂保留着老上海浓郁的味道。一条弄堂，歪歪扭扭摆着三五张摇椅，老少相携。这群从出生就相邻而居的人会在太阳下落后不约而同地以另一种方式相聚。

东家的鸡下了三个蛋，西家的孩子考试得了双百分。

⊙ 1977年，张翼飞在苏州旅行

"你家孩子技校毕业没？"

"这么高的个子将来做什么都差不了的呀。"

"哪里来的话啊！哎哟！天天忙得都看不见人影儿！"

笑声、蝉鸣、蛙鸣在夜里爆破开来，弄堂里好似闹过了白天。

这些热闹的景象往往与张翼飞擦肩而过，等他工作结束回到家里的时候，巷子里三五盏灯火已灭，唯明月高悬，夏风吹散他额头的汗。张翼飞躺在铁架床上，外头的月光从窗子滑进室内，他闭上眼睛开始回顾这一天的工作历程：炮架要立焊，焊接前温度要调好，明天中午在食堂要多吃半碗饭，不然下午工作容易没力气……

张翼飞想着想着就睡着了。静，一切皆静。

某一日，张母琢磨着最近天气潮湿，张翼飞早出晚归恐怕会受了湿气，于是准备去巷外买些青花椒，这晚做剁椒鱼头。张母刚走了不一会儿，隔壁刚搬来半年的婶子眼睁睁看见个面生的高个子男人走进了张家的大门，急得她嘴里的凉茶刚喝到一半就匆忙咽下，急吼吼地去追赶张母。

"快回去！你家里来了个陌生人！"张翼飞家里虽然没什么值钱物件，但遭了贼总归是不好的。张母听了这话，和隔壁婶子匆忙地往家走，顺便借走了旁边孩子们玩闹拿着的棒球棍。

到门口的时候，张母和隔壁家婶子握紧手中的棒球棍，铁门被推开时发出的"吱呀"声音，在落日将尽未尽之时，划裂了傍晚的静谧。

张母扫视一圈儿，院子里没半个人影，只有绿的辣椒、红的柿子晃晃悠悠悬在架子上。张母与隔壁家婶子对视一眼，举高了棒球棍推开房门，正看见那个"贼"用筷子夹着已凉的饭菜，几个小盘子整整齐齐地放在小桌子上，嘴里嚼着馒头，手里是剩下的半块，他睁大了眼睛看向门口高举棒球棍的两人。

"妈，你在干吗？"

张翼飞一看这与母亲年纪相仿的生面孔，也发蒙起来。

"哎哟，这是我儿子！他工作忙，不常见到人影！"

隔壁婶子恍然大悟，棒球棍一下子掉在了地上，发出"噔噔"的声音。张翼飞见状也明白了来龙去脉，原来是新搬来的邻居不认识他，误以为是贼人入室，这才闹了场大乌龙。

后来每每提起这件事，张翼飞都忍俊不禁。他回想起在那样一个傍晚，夏风吹得格外轻盈，院子里的柿子长成，"啪"一声掉在土地上，惊飞了一隅的流萤。

他的"骆驼"精神

当年造船环境和工厂条件相对落后，张翼飞等一众工友每日很辛苦，不断地有人因为艰苦的条件退出船体焊接的队伍。但张翼飞数十年如一日地坚守着。

总有人说张翼飞太"轴"，焊接的时候恨不得扎根在工作间，两耳不闻窗外事。"一件事，慢慢做，做到极致。"张翼飞在多年后面对记者的采访时如是说，这是他对别人评价自己"轴"的回应。

第一次焊接油轮时，适逢焊接面是不规则体且焊接程序复杂。张翼飞没有在头脑里做太多规划就直接按照所学开始焊接，焊体焊好后就被师傅严厉地指出了错误。凡焊接工作，都需要空间几何具象化，焊接者需要在大脑中先构建出具体的模型和焊接程序，否则一个步骤出现错误就会像多米诺骨牌一样，整个焊接工作步步瓦解。张翼飞在初学时就犯了这个"想当然"的错误，他很重自尊，这个错误一直是他心里的一个警钟。在往后的千百次焊接中，这个警钟时刻提醒着他要遵循焊接原理，千万不可再犯这样的错误。犯错后，师傅教的每个理论、每个标准他都深植于心，师傅讲托焊枪需单手操作，绝不可让另一只手帮忙。张翼飞此后一直单手操作，从来不用另一只手托焊枪。师傅讲焊接前务必保证焊接面平整清洁，张翼飞此后焊接前必检查焊接环境与焊接条件整洁与否。严师出高徒，张翼飞扎实的基本功就在这日日的学习与夯实中不断地提高起来。

张翼飞的师傅在很多人面前讲过，焊接其实是一个鱼和熊掌难以兼得的工作，在他工作和教学的十余年里，有人注重精细而忽视速度，有人专管速度而无谓细致与否。师傅曾坦言，在他的历届学生中，兼顾焊接速度与精细程度的，只有张翼飞一人而已。

张翼飞的速度快的秘诀，唯"勤奋"二字。倘若以五公斤焊条为工作量，正常工人需要连续工作三个小时以上才能焊完。一般情况下，技术工人往往工作半个小时左右就得歇息片刻，但张翼飞偏偏有股持之以恒的劲儿，五公斤焊条，不焊完他绝不休息。筑一座城，贯一条江，焊一艘船，唯有同时具备耐性、韧性、专注性才行。在其他工人休息的间隙，他正面对着电光火花工作，钢铁寸寸相接，眉间汗滴不断。他人休息而张翼飞劳作，自然效率就会提升，这就是张翼飞焊接又精又快的原因。

那个时候很多人围住张翼飞，问张翼飞的属相是什么。张翼飞坦言属鸡。没想到一群人撇撇嘴，个个不赞同。"你哪里是属鸡，我看你分明是属骆驼的，一进舱室不抽烟不喝水，三四个小时不出来。"张翼飞的"骆驼"名号从此打响。

广学道，勤实操

在张翼飞的焊接生涯中，"师傅"这一角色贯穿了首尾。早在技校时，凌、杨两位老师教会他精而快的焊接技巧；进入工作单位后，技校时期的杨班长成为他的师傅。技校两位老师精于焊接技巧，杨师傅则专攻焊接前的准备工作和焊接后的收尾工作。

杨师傅毕业于船舶学校，更是20世纪70年代少有的同时精通理论与实操的人才。杨师傅与张翼飞亦师亦友，在他的言传身教下，张翼飞的焊接能力得到了质的飞跃。

在当年的技校里，杨师傅看中张翼飞以及另一位同学小周，那个时候的焊接学习都是由杨师傅带领他们两个，后来张翼飞和小周一起走上了沪东造船厂焊接技术的金字塔尖。二人上学时期，杨师傅如果有合适的焊接工作，而且觉得单独一个人难以胜任的话，便会喊上张翼飞、小周二人，他们看着师傅工作，细致到每个层面。一旦角焊缝或者对接焊缝过度不平整，杨师傅便会细细地打磨。由此在耳濡目染中，张翼飞也像船体焊接一样，不断地打磨不成熟的自己。

杨师傅干活的理念是在正式焊接之前，把不符合规范的东西打磨掉，然后再去焊，由此建构在平整基础上焊出来的焊缝才是漂亮的。

焊接前的准备工作是非常复杂的，根据焊接的不同部位，参考干湿度、气温乃至焊接材料、焊剂、焊条等，绝非仅仅是钢铁与钢铁的接合这般简单。如若焊接前工作准备不充分，则需要事后再补焊缝，在已完成的焊缝上再做文章就会破坏原有的架构，导致焊缝破碎。如今，张翼飞教授徒弟也用这个方法，焊接前处理好装配不规范之处，以求得焊接后焊缝的一体完整性。

张翼飞在工作初年广学习而勤操练，日后"单打独斗"所取得的成就，自然都与师傅的言传身教相关联。俗话说"师傅领进门，修行在个人"，张翼飞并不甘心于自己只成为一个平庸普通的"60分"技工，方方面面他都对自己严格要求。别人焊一小时，他就焊两小时；别人只操练师傅教的部分就算完成任务，他偏偏要在师傅所教的基础上再进行创新和实践。张翼飞在一天当中总会抽出那么短短的五分钟，静静地矗立在工厂车间的窗前扪心自问：这样努力的目的是什么？

张翼飞会在难得的休息日走入就业市场，他能看见很多与他年纪相仿的人奔走在这狭小的上海一隅，只为了给自己谋得一份差事。与许多陌生的面孔擦肩而过，张翼飞会感受到一种迷茫与彷徨。晚上回到家之后，张翼飞又听见母亲在厨房叹气，一个浅得见底的米缸。饭桌上，母亲将一个鸡蛋用棉线切成三块，张翼飞和哥哥、弟弟每人小小的一块鸡蛋，已是今晚难得的佳肴。张翼飞从那时起就暗下决心，一定要在厂里努力工作，改善家人的生活状况。这天夜里，张翼飞像往常一样拿起床头的书，书里的故事已经进展到了新篇章，这一章节的标题赫然写着几个大字：但知行好事，莫要问前程。

成为光环

在参加完舰体大接缝焊接工作后，张翼飞的实操技能有了巨大的飞跃。在接下来工厂举办的一系列技能比赛中，他多次拿到厂里青年焊工组的第一名。虽无"春风得意马蹄疾"那般夸张，但在工厂里的年轻人之间，"张翼飞"这个名字早就已经与"佼佼者"画上了等号。

张翼飞曾讲道："进沪东造船厂前几年，拿遍了优秀共青团员等厂级荣誉。"

一时间，张翼飞成为沪东造船厂的红人，多次上台领奖，总有红花、胸章别在粗糙但整洁的工作服上。张翼飞的精神世界与胸章、荣誉盘错在一起，它们仿佛在一起大声地说："张翼飞，你已经不是之前那个工厂里名不见经传的'小透明'了，现在你被授予许多荣誉，你要以身作则，挺起脊梁，不要辜负那些光芒。"光环渐渐成为重量，让张翼飞成为更好的自己。

新入厂的师弟们一个个目光灼灼，拇指长茧的师傅摩挲着焊枪抬眼相望。早上七点，推开沪东造船厂铁门，一路上走过去，一声声"张师傅好"此起彼伏。

这些声音无数次地为张翼飞注入力量，无数次地提醒张翼飞：注意行为，检省自身。

在船体焊接中，特殊部位的焊接需要特殊的方法技艺。比如间断焊的角缝焊需要在焊接部位进行点焊，主机座副板与面板开K形坡口，中间留钝边，左右对称焊，焊接前打磨坡口，等等。这些"犄角旮旯"难点颇多，是一般人不愿意做的工作，但张翼飞主动请缨，迎难而上。

某些船舰结构错综复杂，施工条件艰苦，作业环境差，施工要求高，操作难度大。张翼飞经过几个月的实践，俨然已经较好地掌握了焊接技术。为了加快施工速度，在别的工友仍然采用平焊法焊接时，他不断地给自己加大难度。他将钢板竖起来焊，又尝试横过来焊。在别人仍在原地踏步时，他已然早早地熟悉各路钢板焊法，一跃成为青年焊工中的佼佼者。张翼飞开始参与船台大接缝的焊接工作，与其他工作经验丰富的老师傅一起，将焊接成品X光拍片合格率提升到91%，超过了考核指标四个百分点。过去的球鼻部焊接是从下向上，费时费力且用材量大，对手动操作考验大。张翼飞在汇总之前经验的基础上自行改良了焊接方法，使球鼻部焊接操作改为从上向下，使焊接效率提高了三倍，焊接材料直接减少一半，焊接质量也不断提高，同时大大减少了下一道工序的工作量，使舰台的组装进度不断加快。

疼痛方知路远，败绩得见真身

　　1979年，沪东造船厂举办了年度技工能力评比大赛。学徒仅两年的张翼飞通过了偏差值、直线度等多方面的检验，最终超过了那些工作经验丰富的老师傅，摘得了桂冠。

　　然而焊接之路并不比人生平坦，凡事须反复地打磨。

　　20世纪80年代，各项焊接技能大赛逐渐成熟，主办方愈发专业的同时，比赛也吸引来更多焊接领域的能人志士。张翼飞在这个时期参与的比赛尤其多，但结果却不如他初出茅庐时那般让人舒心。

　　参加船舶行业的焊接比赛时，整个沪东造船厂技术上游的技工几乎都不见名次，包括张翼飞，甚至张翼飞的师傅。只有一个女同学拿到了第十一名。张翼飞曾真诚地将这次比赛称作是让他"开了眼界"的比赛。事实上，船舶行业的比赛与沪东造船厂技工们的日常实践并不同。张翼飞等人平常的焊接方式属于双面焊接，即正面焊接后，反面需要清根后再焊接。但比赛的形式是压力容器焊接，压力容器焊接是单面焊背面成型技术，而这种单面焊背面成型技术对张翼飞等人来说是陌生的。张翼飞等人从未采用过这种焊接技术，因此"全军覆没"。

1983年至1985年，张翼飞相继参加了多场比赛，全部以失败告终。参加赛事铩羽而归带来的影响往往比向深潭丢石子更沉钝，也更静默无声。曾囿于沪东造船厂的小小辉煌的张翼飞在一夜之下卸下浑身的重量，褪去"第一名"的光环。

这种失败几乎令他在一瞬间清醒过来，区区一个工厂的荣耀实在虚浮又易碎，他须得走出去。尽管外面强将众多，但他要勇敢面对。

1987年，上海市工人技术业务比赛六级焊工决赛中，张翼飞重整旗鼓，在总结前几场比赛经验的基础上再次参赛。这一次在基础能力方面他已经不再缺少，他不再像二十岁的少年郎，睁着一双鹰眼只盯着第一座次，此次参赛张翼飞的目的简单：找差距，与他人的差距，与世界的差距，与自身上限的差距。

⊙ 1987年，张翼飞为参加焊接比赛而进行训练

　　1987年那场比赛，沪东造船厂派了三个人前去，分别取得了第二、三、四名的成绩。那次比赛将全体参赛人员分为两组，分别是钢结构组和压力容器组。张翼飞他们造船厂传统船舶焊接就是属于钢结构组。张翼飞因预赛成绩一般被分到了压力容器组，在压力容器组他又考到了全组第六名，算上理论成绩，张翼飞一跃成为比赛的第四名。事实上，压力容器组属于专业组，参赛选手几乎都属于全国范围内的佼佼者，张翼飞平时对此领域并不熟悉。通过比赛依然能拿到不错的成绩，他借此评估了自己对于压力容器焊接的掌握度。通过不断地比赛、跌倒后再爬起，1987年，张翼飞首度获得"上海市技术能手"称号，并受到时任上海市市长江泽民同志的亲切接见。

被"逼"出来的证书

1988年，张翼飞因病亟须调理身体，他不得不暂时离开生产部门，来到工作负担稍轻的焊接实验室。这时的张翼飞已在焊接岗位上工作十余年。

20世纪80年代末期，沪东造船厂想要承接一项焊接储油轮的工作。该油轮5.2万吨，焊接难度大，油轮设计上有大量的管节点，且船主甲板的三大焊件——烽火塔、钢炬、支架结构也异常复杂，并且体积庞大。焊接此等级别的船体，首先需要在技术层面达到压力容器的制造标准，同时在焊接硬件上也要符合海洋平台工程的制造技术条件。焊工必须经过一系列专业的培训与考试，拿到船级社的最高级6GR级焊工证书才能进行船体焊接工作。然而，此项考试难度极大，通过率非常低。对于一般熟练焊工而言，即使参与专业培训三个月以上再去参加考试，通过率也仅仅为五分之一左右，此项工作困难之大可见一斑。在沪东造船厂承接下该项目后，厂里领导决定临时组织一支小分队，并对之委以重任——通过6GR级焊工考试，帮助沪东造船厂顺利完成该项目的落实。项目承接在即，厂里专攻管节焊接领域的技师又实在缺乏，一时间领导急得团团转。就在领导们焦急犯愁没有合适的人选时，突然有个老师傅提出："张翼飞行，让张翼飞去"。

张翼飞的焊接能力是大家共同认可的，但此次考试其实与张翼飞所属专业关系不大，因为张翼飞所学专业属于船体焊接领域，而6GR级焊工考试主考管节焊接领域，这本不在张翼飞的工作范畴之内。时间紧，任务重，多一个人就多一分胜算，厂里领导抱着"试一试"的心态，让张翼飞随其他人一起去考证。

这对于张翼飞来说无疑是个巨大的挑战，他自从接到任务后，每天持续工作超过十个小时，工作间隙旁观其余几个人的操作方法，学习观察焊条的液态状态。

管节焊接属于一个新领域，而张翼飞一向对于学习新领域知识抱有极大的兴趣。培训后期，张翼飞跟其他人一样将管帽套在一起，第一次尝试管节焊接，效果竟意外不错。事实上，张翼飞对这次考试的态度既认真又轻松，认真于他在学习一个在此之前自己并不熟悉的领域，轻松于他心态平稳。

"考证小分队"在一天的培训结束之后，有时候会聚在一起吃个饭，几个人聊聊学习的进度、今天焊接又遇到了哪些问题等。大家对张翼飞的到来都感觉既是意料之外，又在情理之中。

"工厂的小辈里，你是技术最好的。"小分队里最年长的大哥对张翼飞说道。张翼飞听了也只是抿嘴笑笑："在我来之前大家已经培训很久了，我是把这次培训当成学习过程，尽力学一学。"当然，如果运气足够好能取得证书就更好了，张翼飞心里想。

他以谦谨的态度在接下来的管节焊接学习领域开疆拓土，深度实践两周后，考试也如期来临。负责考试效果验收的船东和船级社来到了沪东造船厂，他们把七个人所焊接的管节切开来看，对正面和反面同时进行评估。几个人的管节切开之后，验收结果令所有人大跌眼镜，"考证小分队"共七人，只有一个旁听的"门外汉"张翼飞合格，其余六人均只满足船级社一

⊙ 1988年，张翼飞参加6GR级焊工考试

方的审核标准。船东的要求稍微严格，他一排排看过去，只对一个切开的管节点头。船东抬起头问七号是谁的作品，张翼飞举起手走上前。船东平静地对这场临时考试的结果进行了宣布："只有七号一个合格。"

沪东造船厂的领导当时就在旁边围观了整场验收，一听这话眼前瞬间一黑。即使张翼飞的学习能力再令人惊喜，也难掩厂领导对其他成员的失望。这次验收一结束，厂领导就立刻组织其余几人进行补考，后续又将整个工厂那些船体部分焊接技术过硬的师傅全部拉进备考行列中来。这一次考试，让沪东造船厂领导班子意识到自身在扩展焊接领域仍存在许多不足，同时张翼飞也以另一种方式证明自己在焊接方面有着远超常人的天赋。

绝不可否认，张翼飞在焊接领域具有独特的天赋。努力或勤奋往往存在上限，而天赋则是打破上限的通道。在取得6GR级证书之后，张翼飞一路带领沪东造船厂"攻关组"完成挑战，实现了工厂船舶焊接历史上管节焊接"零"的突破，为沪东造船厂树立了新的里程碑。从张翼飞打破纪录的"第一证"开始，无数事迹留下的证明至今仍然挂在沪东造船厂的记录墙上，供后辈瞻仰。

千千晚星，来日方长

张翼飞在沪东的夜与星中，迎来他波澜壮阔的33岁。

这一年，上海市工人技术业务比赛再次开展，张翼飞再次参加比赛。与前些年不同的是，张翼飞此行不再是以学徒技工的身份参赛，他已经带出徒弟来了。33岁的他携徒弟一起参赛，然后包揽了比赛的第一、二名。

这一年，储油轮出口焊接工程持续进行中，张翼飞作为工厂取得6GR级焊工证书第一人，毫无疑问地成为该项目的核心负责人。排水量高达5.2万吨的储油轮工程焊接作业绝非一朝一夕之间就能完成的，这是一个长期的工作，其间有很多艰难险阻。对于三十出头的张翼飞而言，真是一场严峻的考验。焊接储油轮过程中，一个历史性的难题时时刻刻困扰着他。焊接超小焊件，以及特殊情况下焊工无法进入焊接部位的难题，是沪东造船厂多年来的心病。以往针对此种情况多采用"直击断弧法"，即将焊条末端对准焊缝，手腕扭转一下，使焊条端部在焊件表面上轻轻划擦，然后扭平手腕，并将焊条提起三至四毫米。当电弧引燃后，便将弧长保持在与焊条直径相适应的范围内。为避免焊件表面在引弧时擦伤，焊工必须在焊缝前端的坡口内划擦引弧。此类单面焊双面成型的焊接工艺难度极大，而且容易造成多种焊接缺陷。张翼飞多次尝试施焊后，发现这确实是一种错误率较高的焊接方法，于是果断放弃"直击断弧法"。放弃原有技法的前提是需得有效率更高、错误率更低的技法代替它。

金属塑形时形状改变，但其体积保持不变。张翼飞巧妙地运用这一原理自创了"粘轧断弧法"。所谓"粘轧断弧法"是一种在金属轧制过程中应用的技术。它主要用于处理金属材料在轧制过程中可能产生的问题，如表面缺陷、纹理不均匀等。在粘轧断弧法中，通过在轧制过程中采取适当的操作措施，使金属材料在经过轧制机组时发生断裂，从而修复或提高金属材料的质量。开始工作前，选用适当的轧制工艺参数，如轧制压力、温度、速度等。在轧制过程中，通过控制轧制机组的工作方式或调整轧制辊的几何形状，使金属材料在经过轧制辊之间发生断裂。断裂过程中，金属材料的结构会发生重新排列和重新组织，从而消除或减小原有的缺陷和不均匀性。

经过粘轧断弧法处理后的金属材料具有更均匀的结构和较少的缺陷，提高了材料的质量和性能。最需要注意的是，粘轧断弧法是一种专业的轧制技术，具体的操作方法和参数设置可能因不同的材料和轧制设备而有所差异。但此方法从根本上解决了困扰工厂几代人的难题，焊缝内外质量皆完全达到了验收技术要求。此外，过往操作难度极高的单面焊双面成型技法在张翼飞的演绎下也大获成功。张翼飞在返修储油轮渗漏油管工作中完美完成了任务，一举解决了质量问题。

沪东造船厂在1989年开始承接大型工程钢结构建造任务。万事开头难，第一次承接大型项目的工厂难免路径生涩，而且越大型的项目容错率越低，大庆电视塔钢结构制造就在这样的压力下展开了。为了确保空中对接安装一次到位，张翼飞那段时间整天待在现场。虽然称不上什么"天为被，地为床"，但他多次采集数据，又在大型工程经验为零的前提下分析原因，如此反复。工厂按照他的建议优化了连接板的焊接程序，使焊接变形率几乎接近于零。

那段时间大江南北一直传唱"大庆精神"，张翼飞工作如此勤奋认真，可谓"大庆精神"在沪东造船厂的践行人。后期的南浦大桥钢结构建造中，张翼飞继续实践着他的坚毅和精准。大桥横梁焊接进展缓慢，由此严重拖沓了整体的施工进度。张翼飞一连工作好几个通宵，改进了大桥横梁角焊缝台架制造工艺，又在此基础上形成了流水线，稳定了工作流程，保证了施工的进度和质量。在接下来的工作中，他又改进了二氧化碳焊炬喷嘴，使得大桥主梁80毫米钢结构厚板焊接取得良好成效。从实践中来又到实践中去，张翼飞是一个以身作则的实干家。这一工艺的发明创造直接开创了沪东厂钢结构焊接之先河，在某种意义上极大地加快了工厂完成南浦大桥主桥建设的进程，张翼飞之个人贡献不容小视。

蝴蝶飞呀

1991年，大街小巷都在传唱小虎队的《蝴蝶飞呀》，这首歌至今已成一代人心中的回忆。这一年张翼飞随沪东造船焊接研修团飞抵日本。落地后，张翼飞没有机会领略异国他乡的风土人情，而是立刻投入学习中。到日本后先进行一周的理论学习，了解气保焊和各种先进的技术原理，为接下来的实践做好铺垫。接下来的一年时间，张翼飞投身于不断的实践与再实践之中。在张翼飞练习的过程中，日方有位指导人员发现了这位闷不吭声、工作却精致认真的学员。

后来，这位指导人员承接了一项工作——焊接船上的圆罐，他非常自信地将这项工作交给张翼飞以及其他四人来负责。圆罐形似西瓜皮，张翼飞和其他四位工友都将其称之为"西瓜皮焊接"，但该焊接的难度并没有它的名字这般轻松，

⊙ 1991年，张翼飞到日本进修

这是一项对技术水平要求很高的实践操作。等张翼飞五人将底打好后再用机器焊接，日本团队待大家焊接完两块"西瓜皮"之后再确定焊接人员。"西瓜皮焊接"结束后还需使用吊环链接。吊环同样需要专人焊接，且吊环焊接的安全指标要求很高。日方人员对该项工作把控严格，实行第一责任人制度。吊环焊好后需要在每天的日志中记录，并签上名字。一旦吊环发生意外突然断裂造成安全事故，第一责任人需要对此负责。一开始，吊环由张翼飞和他同组的另一个人一起焊接，在上交了焊接成果后，日方指导人员对张翼飞的吊环工作相当认可，当场就决定将来所有吊环都由张翼飞一个人焊接，由此张翼飞在技术方面赢得了他国指导员的认可。那段时间，张翼飞在"西瓜皮"打好底后每天拉着焊机跑到各个分段下面去焊接吊环。春去秋来，张翼飞一年的工作都是如此。

在日本研学的末尾，日方人员需要接续上张翼飞等人的工作。一接一续间，中日两方工人的技术水平高低立见。日方指导人员内心是纠结和矛盾的，他常常一面说着张翼飞等人要好好工作，不要输给后面接续上来的日本技工，会丢他这个师傅的脸；一面又不愿让日方工人输给中国工人。

⊙ 1992年，张翼飞在日本研修时于东京街头留影

　　但张翼飞等人的焊接技术是不容置疑的，曾经的六根焊缝都是由张翼飞组两个人完成的。中日技工一起工作，张翼飞的队伍当天下午三点就完成任务了，日方队伍要等到第二天上午十点才能结束工作，看得日方指导人员直叹气。日本老师傅败给中国新学徒这件事，也一直在行业内流传很多年。

　　张翼飞在日本研学期间曾参与过当地的一场比赛，比赛的内容并不复杂。相当简单的立式焊缝，对张翼飞而言是很容易的，但难点在于该项工作需要丰富的经验，是时间积累起来的精细，否则一旦比赛时出现意外状况，参赛者难以解决。张翼飞第一次焊接该焊缝时，日方指导人员验收成果后笃定张翼飞该项工作已经不必再多练习，便让他回去继续工作。就这样，只练习一次的张翼飞在比赛中取得了第三名。张翼飞在赛后一如既往地反思和检省自己，如若当初能多练习几次，便不会出现比赛时因紧张产生的失误。张翼飞在多年后坦言，他认为自己当初失误在焊接短板时没有在特定部位缓慢焊接，由于缺乏经验再加上赛时紧张导致发挥失误。

　　日本人特别注重细节，他们的焊接行业有"确认制度"，该制度曾给张翼飞带来反思与震撼。他们的吊环下的行车处有轨道，检测者乘车沿轨道依次检验各个吊环的焊接质量，向四个方向分别拉拽确定吊环焊接没有问题，并以四个动作来完成确认程序。起初这项工作在外派的技工张翼飞等人眼里是"有点傻"的，但实则不然。张翼飞在后期的工作观察中渐渐发现，这种看似烦琐的确认方法实则是防患于未然。比如现在需要通过吊环吊一个重达十几吨的重物，在钢丝绳吊车拉好后，如果四个方向上并没有确认好，就会导致吊件偏斜。一旦起吊，吊车就会发生晃荡，极易导致安全事故。日本焊接业的严谨正在此处，四个钩子全部撑好后每个安全隐患逐个排除，这种"烦琐"保证了安全。张翼飞经此次日本研学，做事比之前更细致了，从前在国内工作中的疏漏之处也一并补齐。张翼飞等人从日本回来之后，将更多的规范应用于沪东造船厂，同时沪东造船厂也对同行业的其他领域进行了更深层次的借鉴。

黎明混淆暮色，白天穿过黑夜

在新中国成立初期，我国造船主要侧重于军工用品，建造出了常规潜艇、大型水面舰艇等各类舰船。1995年正处于新中国船舶工业发展的第三阶段，这一年主要的改革任务就是创新体制，夯实基础，与国际造船规范接轨。也正是在这一时期的不懈努力下，我国造船基础设施得到了极大改善，造船技术水平显著提升，到1995年底，我国造船业年产量达到175万载重吨，首次超过德国，占世界造船市场份额的5%左右，成为仅次于日本、韩国的世界第三大造船国家。这一年，导弹护卫舰作为军工用品已经成为沪东造船厂的名牌产品，但船体上层建筑外观的质量问题仍然是当时质量提升的一大瓶颈。张翼飞在不断的实践与探索中，发现将二氧化碳焊工艺用于上层建筑外观焊接，不但可以减少外板焊接变形，保证美观性，还可以提高生产效率。张翼飞的发现一经提出就得到了技术组的支持，由他带领的攻关组在以往外板焊接变形的难点上作出了重大突破，同时从焊接理论和规范上进行了细化，并从制度、技术、措施上全方位多角度保证了质量水平。

1995年，沪东造船厂继续在国际领域承接工程。这一年工厂承接了出口泰国的综合补给船R22T的建造任务，该船轴架材质为铸钢件，焊缝对接坡口最厚处为320毫米，最宽处为150毫米，焊缝又处于立向位置，客户要求焊后做100%的超声测试，并且要保证工件直线度。张翼飞敏锐地觉察到，如若想要保证此项工作焊接的内部质量，关键还需重视第一、二道工序的焊接质量。现场操作存在着重重困难，二氧化碳焊接喷嘴难以伸入焊缝根部，焊缝易产生夹渣、气孔等缺陷。张翼飞为解决该难题，决定将二氧化碳垂直气垫焊手动横摆的操作方法嫁接于此，结果取得了显著成效，焊接质量一跃飞升，得到了挪威船级社驻厂验船师的好评。该项工程焊缝320毫米的超厚铸钢件焊接难题被张翼飞一举攻克，他又一次创下沪东造船厂之先例，填补国家空白。

在工作经验上，张翼飞是无数人的指明灯，在技术分享领域，张翼飞笔耕不辍，将自己数十年的心血与经验一并撰稿成文，毫无保留地全盘托出。他旨在用自己的点点星光，照亮整个船体焊接行业。在这次综合补给船焊接中，他将这个宝贵经验写成《超大厚度铸钢二氧化碳气体保护焊焊接操作法》。后来他又在专业知识领域进行了延展，《CO_2气保焊陶瓷衬垫平对接底道焊裂纹成因及对策研究》是张翼飞的又一篇专业论文。该论文同样源于实操，随着造船吨数和中厚度钢板使用的不断增加，药芯焊丝常在使用过程中暴露出种种弊端。在众多问题中最严峻的当属在焊接操作过程中产生的各种裂纹，这些裂纹处于不同位置，难以捉摸。药芯焊丝常在陶质衬垫平对接底道焊接时形成大量的纵向裂纹，此纵向裂纹给施工带来极大的困难和危害。张翼飞一连花费几个月的时间琢磨探究裂纹产生的原因和解决办法。他相信办法源于实践，做了数十组的试验，在多个方面反复测试，焊接电流、电压、板厚几乎种种变量皆列入考虑范围内。张翼飞多次调试，最终找到了原因并提出了改进方法。

时至今日，张翼飞已然熟练掌握多种焊接方法，可以在多种环境下进行焊接操作，包括行业内一直视为难度最大的异种钢及压力容器焊接、SEG法垂直气电自动焊、FAB法双丝焊、二氧化碳角焊、RF法单面焊、埋弧自动焊、6GR级全位置管节点焊等十多种焊接工艺，他同时还把工作领域延伸到装配和碳刨，技术水平达到四级程度。他成长为一名不可多得的复合型焊接技术人才，那个在弄堂里捡起废弃焊条当枪剑来玩乐的小男孩终于在这一天成为自己小时候的偶像。

他依然在前行。有人一生焊接铁龙巨船，有人在电光石火间焊成一艘让自己驶向黎明的帆船。张翼飞将自己多年来的理论成果与实践经验继续撰写成文，《CO_2衬垫单面焊超小间隙的处理》《二氧化碳保护焊在超厚度铸钢件上的应用》是他近年来的新作。他继续深耕二氧化碳焊接，一度得到了工厂技术部门的高度认可。张翼飞在专业领域的技术应用和新工艺的推广、生产效率和产品质量方面的提高起到了不可忽视的作用。

在不惑时立身

张翼飞在39岁这一年获得了中华技能大奖，那一年这个奖在全国只优选出10人。颁奖典礼全程电视直播，一家老小共同守在电视机前等待张翼飞的出现。

张翼飞身高将近一米九，出于整体视觉效果的考虑，电视台的负责人将他安排在队伍的最中间。主持人微笑着举着话筒问张翼飞："您是怎么理解工人当家作主的？"张翼飞以沪东造船厂举例，他说一个工厂就像是一个小家一样，家人之间不会每件事都过问彼此的意见，但一定会有一个一家之主。他看得到不同家庭成员间的特殊性，有人擅长打扫，有人擅长厨艺，在不同的岗位、不同的时段听取专业人士的建议。张翼飞说自己不是一个管理者，而是一个技能操作者。当领导在焊接领域征求他们意见的时候，张翼飞认为的当家作主就出现了。

⊙ 1996年，张翼飞（左一）获得中华技能大奖

领导们在专业的领域寻求专业人士的建议，不独断专行，这是张翼飞心中的工人当家作主。

主持人又问："您这个工作很有意义吧？您觉得您能够在这个岗位上做一辈子吗？"

张翼飞的身后是100个全国技术能手，他站在领奖台中央，眼前浮现着无数个五星红旗的剪影，有一个热烈的答案从他的心口冲向喉咙，他说："我觉得我的工作很有意义，我喜欢我的工作。我今天当着你的面，我承诺，我肯定会干一辈子。"

没有人会把回答主持人的提问认真得当成宣誓一样，但张翼飞会。那天中央电视台在全国的观众面前播放了这段采访，张翼飞后期看到电视机中的自己，他告诉大家，是这份工作让他有了成就感，让他找到了自己存在的价值。

张翼飞在取得显著成就后，工厂里注意到了他的引领作用，技术上优胜，人品上端正，其他方面也是没话说，张翼飞成为工厂领导推荐入党的第一人选。入党后，张翼飞更加严格地要求自己，以身作则，带领其他同事一起攻克技术难关，切实起到了党员的带头作用。他明白，万里路行将必至，而这一切才刚刚开始。

"焊神" 1998

张翼飞曾在厂里创造过一个至今也无人能破的纪录——一口气焊完一条八米长的焊缝。焊接长度罕见,效果也极其完美,整条焊缝无任何瑕疵,在场凡目睹张翼飞焊接全程的人无不啧啧称奇。张翼飞手下的钢铁一度变得"有温度",百炼钢在焊枪下化为"绕指柔",这就是张翼飞"焊神"的魅力。

每当张翼飞所在的班组干活的时候,领导总是喜欢到他们旁边观看。有一次张翼飞的工作任务是焊接一个需要将反面焊成形的对接缝,第一道焊缝的根部成形后总有个难以规避的特点——如果焊工稍作停顿,接头处就会出现束孔,而束孔需要马上修补。领导那时候站在张翼飞身边,问张翼飞他能否一路不停地焊接此对接缝,使其不出现束孔。领导的语气是轻松的,或许只是在跟张翼飞开玩笑。然而,说者无心听者有意,张翼飞没有抬头看领导,他依然埋头在电光火星迸溅处，他说："可以，能办到。"

人人皆有年少时，张翼飞也不例外。那个时候，张翼飞总以为自己能承担无限大的责任，总以为自己能实现许下的每个承诺。很多事情说起来容易，但实际操作又何其艰难。那个时候张翼飞仍然使用的是气保焊接，机头带着焊丝重达十几公斤，如果想避免出现束孔，那就必须持续不断地一直焊接。张翼飞提出在他进行焊接作业的时候需要有一个人辅助他，帮助他拉着机头。张翼飞那根电缆皮有五米之长，当张翼飞焊到四米时，助手需要跟着张翼飞把车移过去。在二人配合之下，张翼飞一口气焊完了八米的焊缝，中途没有停过，而这次焊接的时间达到了惊人的两小时之久。两个小时听起来或许并没有多久，但如若真的放在焊接领域，这必然属于长时间作业，对于体力、耐力、熟练程度、把控力都是一种考验。

张翼飞创造了"焊神"的"神话"之后就一直有人问他，他的本领是否真的有传闻中那般神奇。这时候张翼飞总是微笑着回答："其实，这也没有什么，只要用心，肯下功夫，这一切就不神奇。"事实上，他的话可以这样理解：专注与努力，是神奇的另一个名字。

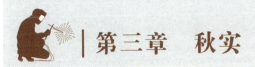

第三章　秋实

扫码解锁

◉群英颂歌◉致敬匠心
◉精进技艺◉奋斗底色

当职业成为信仰

2001年，张翼飞在沪东造船厂的资历早已足够丰富，于情于理应该取得干部身份，但张翼飞并不同意，于是厂里破例将他调到了技术科。技术科的工程师越来越少，张翼飞初到时颇有百废待兴之感。

新来的一些员工都是高校刚毕业的大学生，他们往往只有理论知识而没有实践经验。张翼飞之前有过带学徒的经验，厂里便将带大学生的任务交给了张翼飞。张翼飞一边带大学生，一边指导工人培训，同时张翼飞还在尝试新工艺、新技术的引进和研发。领导一度直言，张翼飞在技术科的作用比他亲临操作现场焊接的作用更大。在工厂的后继者培养方面，张翼飞带领着新员工和初出茅庐的大学生深入实践当中去；在工厂新领域的拓展方面，张翼飞当属第一人。人力和技艺的进步是船体

⊙ 2001年，张翼飞（右二）带领班组对600吨龙门吊主梁的焊接方案
   进行研究

焊接质量进步的基石。在多方面因素的作用下，2008年，沪东造船厂专门成立了"劳模焊接研究室"，而这"劳模"正是张翼飞本人。后来又陆续挂牌成立了"上海市大师工作室""国家级大师工作室"。

越来越多的名片和标签加在小小的沪东造船厂一隅，张翼飞以沪东中华造船集团唯一一个首席技师的身份为人周知。集团渐渐地把张翼飞培训的地方进行了扩大，张翼飞的工作现在分为两部分，一部分是工人培训，另一部分则是工艺评定即新工艺、新技术的引进。"张翼飞"作为一个个人名号打响后，新工艺引进都是设备供应方自己找上门。如果张翼飞使用后觉得可以采购，就直接售卖给沪东造船厂是最好；如若不能，则需要张翼飞给出一个评价，他们考虑是否要改进产品。张翼飞在整个焊接行业里就处于这样的地位，他是焊接业的领军人物，更是"活标尺"，人们需要根据张翼飞的评价来确定焊接产品的优劣。近些年来，张翼飞仍然专注于新工艺、新技术的研发和引进。"因为沪东造船厂早在一开始就是船舶技术的风向标。我们的老一辈在做新工艺、新技术的研发，我们跟在他们后面也在继续做。"张翼飞如是说。

终身学习

张翼飞自"8米焊接"后常被人称作"焊神"，然而成为"焊神"的前提必然是要有真本事。我们将学识渊博的人称为"通人"，焊接业则是"江湖百晓生"，多一门手艺就多一种可能，这是张翼飞一直信守的人生信条。日本研学时技工高超的技艺和认真的态度让张翼飞印象深刻，他不再担心"笨拙"，在焊接行业内往往"笨拙"可以彰显出大智慧。在焊接领域里，比起理论，实践中的学习和磨砺往往来得更真切。在平时的工作中如果发现问题，绝不可搁置问题，及时寻找解决方案并通过书本知识来验证其正确性，这是张翼飞在焊接行业安身立命的准则之一。

国家早在许多年前便开始强调终身学习的重要性，张翼飞也一直觉得终身学习是从事一个行业的必备素质，发现问题的路上不要怕犯错，只有犯错才能找出问题所在。

"不要怕犯错，犯错了，找出毛病，多总结经验，才能不断提高。"张翼飞如是说。

张翼飞对于"错误"的态度与普通人不一样，他认为自己这些年就是在犯错、挑错中成长的。实际工作中，许多一线工人会有一些无法解决的操作问题，每当这个时候他们就会寻求张翼飞的帮助。正是因为张翼飞有一双会挑错的"鹰眼"，他才能傲立潮头，成为"挑错专家"。

在张翼飞的办公桌上，除去电焊一类的专业书籍之外，有一角常年放着各种名人传记。以名人为导向，以先贤为明灯，这是张翼飞毕生追求的。这些书对于张翼飞而言只是他学习内容的冰山一角。"学习不能停下来啊，现在新东西太多了"，时至今日，在大数据飞速发展的今天，许多人因为未能跟得上信息发展的速度而落后于时代，张翼飞却能够与时俱进。每当有新问题，张翼飞总是会一头"扎"进资料里，不解决不罢休。这是张翼飞的学习精神，借用徒弟魏凤云的话来讲就是："专注在焊接上，其他什么也不想，'着魔'了。"专注难得，用心更难得。

⊙ 2003年，张翼飞在焊接培训工厂进行样板焊接

⊙ 2010年，张翼飞被评为全国劳动模范

海军护卫舰的"总舵手"

2020年7月9日晚，张翼飞一家守在电视机前，目光炯炯。此刻，中央电视台纪录频道正在播放《军工记忆》第二季的第四集。这是一个关于中国人民解放军海军第一代具有隐身外形和远洋作战能力的护卫舰——054型导弹护卫舰的纪录片，而张翼飞正是负责054型导弹护卫舰焊接工作的高级技师。

国之重任，将之责任。船舶安全航行的前提与重要基础是具备足够强度的船体，而对于船体强度的把控，张翼飞必然是专家级的。若要保证船体的足够强度，在建造过程中就需要处处着眼、处处谨慎，严格控制好造船材料、船体结构的装配和船体结构的焊接三个环节。在这三者之中，船体结构的焊接当属船体建造中最重要的同时也是最难以把控的环节，张翼飞迎难而上。

实际上沪东造船厂早在1952年就开始承接中国海军护卫舰的建造任务，沪东造船厂也因此被誉为"中国海军护卫舰的摇篮"。2002年12月，沪东造船厂第一块钢板的切割标志着054型导弹护卫舰的建造正式开始。设计与新材料、新工艺难关一遍遍考验着工程的设计师们。正如《军工记忆》中记录的那样，当时的总指挥胡明和严肃强调两大技术难点：一是钢板，二是耐腐蚀。这对焊接工程提出了更困难也更具有挑战性的要求。

在建造054型导弹护卫舰时，沪东造船厂采用了新型钢材。由于钢材成分极其复杂，且此种钢材从未在水面舰艇中使用过，完全是摸着石头过河，因此厂里出于稳妥考虑，将这项艰巨的焊接试验任务交给了张翼飞。

艰难不仅体现在新工艺、新材料的运用和研究上，更体现在作业的环境之艰苦。大众对于船体焊接工作的印象往往是热、脏、累，许多人在烈日下的甲板上工作，常常汗流浃背。实际上也确实如此，甚至更加艰苦。就温度而言，船体焊接工作环境温度在50℃是家常便饭，如果焊接的时间在盛夏，就更是要耐着超高温作业。并且这里地处长三角地区，亚热带季风气候常常为这片土地带来湿润与炎热。在那些个炎炎夏日，张翼飞与工友们坐在烫手的甲板上休息，竟也算得是一件幸福的事情。就高度而言，张翼飞身高将近一米九，然而054型导弹护卫舰的双层底焊接高度还不足一米，这无疑为张翼飞的工作增添了新的难度。那段时间他常常脚踩在一个格子里，身体在一个格子里，头又在另一个格子里。他在小小的空间里尽可能确保焊接的正常实施。辛苦或者疲惫并不在张翼飞忧心的范畴，他只在乎一件事——任务能否正常完成。

正如张翼飞自己所说，试验本身就是一个试错的过程。在054型导弹护卫舰的建造过程中，张翼飞第一次的焊接成果被判定为不合格，这种情况在张翼飞以往的工作中是罕见的。他清醒地认识到："以往的经验不灵了。"他需要尽快调整焊接思路。054型导弹护卫舰所使用的板材与以往不同，可以说是一次崭新的试验，那么势必也要采用新的工艺。张翼飞意识到自己当前的任务是找寻适应钢材的新工艺，他一遍遍尝试着，一遍遍探索着。当清晨的第一缕阳光铺洒到海面上时，张翼飞就已经在工位钻研；在明月沉入东海后，张翼飞才回到住处。如此往复几日，他焊出的成品再次送去检测，结果是焊接质量已然超过规定标准。

后来驻沪东造船厂的军代表颁布规定：凡是054型导弹护卫舰的焊接工人，无论是否曾经拿到过国际船级社认证，都需要经过张翼飞的培训，无一例外。该项规定也被《军工记忆》记录下来，张翼飞俨然成为054型导弹护卫舰焊接工作的总指挥官。

在沪东造船厂时，许多一线工人遇到难以解决的问题都会请教张翼飞，在054型导弹护卫舰焊接作业这里也是一样。每当焊工工友遇到难以解决的问题时，张翼飞都一如既往地伸出援手。那些年里，他经常在众人都熟睡的深夜接到工友饱含歉意却又焦急的电话，于是张翼飞披星戴月地一路从家里赶到厂里。

他心里清楚，如果有技术问题能够找到他这里，那定然是其余人办法用尽都无法解决的难题，他乐意效劳，也愿意承担。正因此，人人都认为张翼飞是沪东造船厂的最后一道防线。他从业数十年，几乎没有请过假，而唯一的一次竟也是工厂领导体察张翼飞工作实在太过辛苦，强制让张翼飞回家休息。

来于一线，归于一线

张翼飞自1977年入厂直至2001年转入工作室进行新技术、新工艺的研究，共计24年，这期间张翼飞从未离开过一线。在这24年里，不断有橄榄枝向他抛来，张翼飞每次都毫不犹豫地拒绝了。20世纪90年代伊始，沪东造船厂就有领导想把张翼飞转到管理岗，而张翼飞一直没有答应。他总觉得管理岗类似于"养老岗"，他还没有年纪大到不能上一线焊接，即使没办法去车间，他也可以做一些新工艺的研究。而且张翼飞也一直坚信自己的性格并不适合管理岗，他认为只有深入实践、活跃在第一线才是他的目的所在。专业的事情交给专业的人去做，他认为焊接就是他的看家本事，踏踏实实在一线才能真正地做到学有所用。此外，管理人员总是要将更多的时间放在人员的调动与其他方面，如此一来留给张翼飞研究技术的时间就少之又少，这也是他一直不肯去管理岗的根本原因。

当年在日本研学期间，张翼飞的能力为人共睹，面对这样的焊接天才，日本开出了诱人的条件：只要张翼飞肯留在日本，日方会给他解决车子、房子等一切问题。但张翼飞并没有答应，依照张翼飞的想法就是"人不能忘本"。沪东造船厂将他培养出来，他不能功成名就之后就远离故土，奔向异国他乡。时至今日也依然有许多民营老板高薪邀请他过去，但是他始终坚守在沪东造船厂，这一晃过去就是40多年。

扫码解锁

◎群英颂歌◎致敬匠心
◎精进技艺◎奋斗底色

质量是唯一答案

因2008年金融危机的影响，船舶行业遭受了严重冲击。船市低迷，"交船难"成为每个船厂必须面对的问题之一。

为了拖延收船时间，船东要做的第一件事就是在质量上挑刺，不断增加修改时间，又在船上进行大量的X光拍片和UT探伤工作。张翼飞是沪东中华造船集团的权威，在公司焊接质量的推进与把关上，张翼飞主动请缨。他一方面与船东据理力争，在规范和标准的把控上毫不让步；另一方面又监督生产班组切实做好工作，从根源上切断问题。两项把控、多方面注意，船体的焊接质量得到了有效的控制，几乎无懈可击。但船东依然故意刁难，不肯收船，最后无奈还是诉诸国际法庭。凭借张翼飞对于船体的出色建构，公司前后两次在法庭上胜诉。这一次，是沪东中华造船集团凭借过硬的质量赢得了甲方的尊重，也捍卫了自己应有的权益。

在张翼飞的回忆中，当时沪东中华造船集团有四条船正处于交船状态，船按照构造可以细分成船体本身与上层建筑。所谓的上层建筑就是上面的生活空间。以往的上层建筑分段从船部结构来讲，本身并不计算强度，属于次要工作，但是当年沪东中华造船集团的上层建筑也成了考核的关键点之一。这四条船的上层建筑均被船东以各种名义刁难。价格是在订船的时候商定的，但收船时临时变卦，要在总价基数之上再降三百万美金，但一条船的利润其实并没有很大，整条船的利润并不超过三百万美金，船东这是提出了一个沪东中华造船集团根本不可能答应的要求，沪东中华造船集团无论如何也无法接受。商谈失败后，船东开始故意挑刺儿，找碴儿。上层建筑按照焊接规则该分段并不重要，且此处是技工们手工操作，每个人焊接的手法不同，自然形态有所区别，必然会有短板存在，这是不可避免的。在那段时间里，焊接时限是三天，每次分段验收后船东都会借各种理由挑毛病。技工们日复一日地修补，周期最长时一个月返工修补一个分段。

张翼飞当时带领的班组是以培训为目的进行操作训练的，

培训班组里的学徒都是张翼飞亲自遴选且一手培养的。张翼飞对于自己徒弟们的能力是非常有信心的，他主动请缨把返工修补的一个分段分派给培训班组。他主动给自己带领的团队上紧发条，他不信他的团队会无法完成任务。分段派下来之后，张翼飞带领三个徒弟上去作业。他现场教学授课，提醒徒弟们各自需要注重的要点，然后又亲自调好了电流和电压，亲自焊接第一块板材后再由三位徒弟上手操作。徒弟们整个焊接过程都是直接听从张翼飞的指令。沪上的风吹了又吹，张翼飞在甲板上有条不紊地指导着，四个人终于将这个分段焊接完成。焊接一完成，部门领导立刻提醒张翼飞派人用砂轮把焊缝全部磨白，它显示出的是一种工业化的整齐美观，然而美则美矣，总是少些灵气。

张翼飞那个时候站在甲板上，身板高瘦像个桅杆一样却又不曾摇晃，他告诉工厂的领导们："焊缝是焊出来的，不是磨出来的。"这句话如今已经成为一句名言。在这一刻，每一个电焊人的心里都清楚一件事：张翼飞真的将焊接当作一项艺术性的工作在完成。焊接时的高温、四溅的火星，让焊接后液体冷却凝固成为鱼鳞样的焊缝，这些"鱼鳞"会像生长在海鱼身体上一样生长在船体的表面，和船一起横渡无数个江河大洋。

"像艺术品一样漂亮的鱼鳞片，为什么把它磨掉？"张翼飞反问道。

工厂的领导们依然很不放心，远远地站着看船级社对张翼飞四人的作业进行验收。船级社的代表是一个韩国人，他浩浩荡荡地带来了十几个检验员，只为检验这么一小分段的焊接作业成果。他们爬上甲板后兜兜转转检验来检验去，不到五分钟就全部检测完毕。工厂里的领导们一见验收的时间这样短，马上就坐不住了，笃定验收又失败了，毕竟在他们以往的经验里，五分钟是不可能验收完一个分段的。验收要一条焊缝一条焊缝不厌其烦地看。然而张翼飞却很自信，他可以确保每一条焊缝都一模一样且皆是按照一个规范作业，他们手工焊接的准确性几乎可与机械电焊媲美，这就是张翼飞与他的徒弟们的焊接能力所在。

船级社的代表很快给出了结果，他并不精通中文，于是拿着粉笔在船体上写了几个字，"这就是沪东中华造船集团的焊接质量"，旨在表明，这才应该是沪东中华造船集团应有的质量。五分钟验收，一次合格，船级社人员在工厂领导们的震惊之下离开。张翼飞将验收报告单拿给领导看。领导不作一言，直接将所有的上层建筑都分派给张翼飞团队。一般来说，一个船的上层建筑大抵有六到七个分段，而四条船总共有二十几个分段，这些全部由张翼飞团队负责焊接，而他们一如既往地保持了高质量和高效率：将一次验收合格的纪录从第一个分段保持到最后一个分段，而最后的验收时间只花费了不到半个小时。事实上，船级社是由船东组建的，但在质量验收上，他们又不得不向张翼飞出色的焊接能力低头。能力越大，责任越大，这就是张翼飞的生存之道。

船东为了拖延收船时间，甚至在一些人眼所不及的地方和边边角角增加检查项目，由此张翼飞开启了他的"盲焊传奇"。在驾驶室这个分段，一个箱体里外总计需要焊接八条角焊缝，焊完箱体上面的盖板之后里面就无法继续焊接。为了解决这一难题，焊接工人会在竖板上面开一个手可以伸进去的口，用来焊接里面的部分。但此开口的缺点是焊接工人只能看得见里面空间的三分之二，剩下的三分之一属于视线盲区，只能盲焊。焊接难度加倍，而这看不见的三分之一正是船东重点检查的部位。

　　张翼飞在了解了这个情况之后，直接告诉工人不要焊接这个盲区，盲区交给他负责。他到达工区后首先做的就是先把电流和电压调整好，确保前期的焊接准备充分，随后将看得见的三分之二完成，至于看不见的地方，张翼飞有他自己的独门方法。他用一只手拿着焊枪进去焊，眼睛则在外面看着反面的焊材是不是内外两面红。如果是两面红，则代表盲区也焊到了；如果只有单面红，则代表盲区没有焊上。等到这些都做完了，张翼飞已然满头大汗。然而收尾工作尚未完成，他还需等到焊缝冷却之后拿锤子将看不见的焊缝药皮仔细敲击，最后再用手摸一遍，确认质量才算完成工作。

　　驾驶室的焊接分段是整个上层建筑里工作量最大的，总共有七八个房间。验收那天，船东派来的验收组长组织了七八个人依次检验成品。组长是欧洲人，到了验收地点后不发一言，直奔驾驶室分段，他径直走到驾驶室里面，将手伸到箱体里面去摸那三分之一的盲区，动作与张翼飞如出一辙。他摸完确认好后，刚刚触摸了焊缝的手转向张翼飞竖起了大拇指。张翼飞很诧异，当时他并不清楚这个欧洲组长的意思，他只是想其余七八人还在其他房间里验收着，结果总不至于这么快出来。他抱着疑问的心态问道："这个是验收报告吗？"欧洲组长点点头称是，然后即刻签上了字。他出驾驶室后让各个房间验收的人出来后离开了，最难的部分他已经验收结束了，这三分之一的盲区也正是本次验收的重点。

张翼飞守护住的不仅是沪东中华造船集团的质量口碑，也是军舰工厂的信誉。盲区属于焊接行业里的隐蔽工程，本是无须技师焊接的，但张翼飞看得到常人看不到之处，完成了常人难以完成的任务。这也正是后面四条船的验收速度逐渐加快的原因之一——信誉与名气的力量。张翼飞将所有驾驶室的隐蔽工程都交给班组里两个个子很小的工人去做，每项作业都由他们自己来负责。在船东的几次检查下，整个船体焊接乃至上层建筑，无论是视线盲区还是边边角角，都无懈可击，几次验收下来都是一样的高质量。四条船二十几个分段的焊接验收皆是一次性合格，这就是张翼飞创下的新的纪录。

焊接是"一个人的长征"

1993年至今，沪东中华造船集团根据自身的结构特点开始承接"三高"船舶焊接工程，即高附加值、高难度、高风险的船舶焊接工作。"三高"工程成为沪东中华造船集团未来的新一轮产业发展支柱，也是该集团实现产品结构转型升级的第一步。

在公司产品结构转型过程中，LNG（液化天然气）船是当之无愧的代表性产品之一，一直有"造船皇冠上的明珠"称号。沪东中华造船集团是我国首家承接LNG船建造的企业，这代表着国家对于沪东中华造船集团的信任，同时也意味着其承担着巨大的风险。作为国内首家建造集团，既无参照对象，也无研发经验，但沪东中华造船集团彰显出了自己首屈一指的专业性。

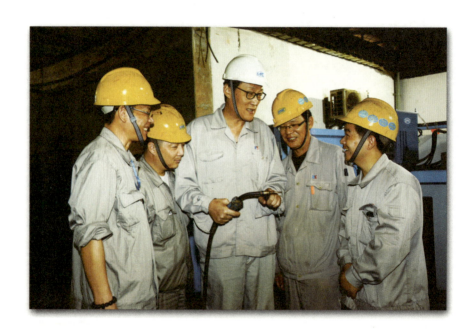

⊙ 2014年，张翼飞（中）与公司几位焊接能手交流焊接心得

在LNG船正式动工之前，有一个问题亟待解决——LNG船45°角对接单面衬垫焊焊后始终出现裂纹。沪东中华造船集团迫于形势紧张只好请张翼飞出山。张翼飞运用顶尖的技术，通过对大量焊接衬垫、焊接材料、焊接规范的反复试验，最终摸索出规律，从根本上解决了焊后裂纹的问题。事后他一如既往地将本次操作经验整理成文和盘托出，撰写了《CO_2气保焊陶瓷衬垫平对接底道焊裂纹成因及对策研究》，为实践操作提供重大理论支撑。此论文在上海造船年会上进行了专题发布，给相关从业者很大的启发。

同时，在LNG船焊接的其他难点攻克上一样少不了张翼飞的身影。他还参与了LNG船车间分段流水线焊接设备的安装调试工作，在调试中所使用的16电机焊以及三丝埋弧焊等设备皆是从日本引进。日方为此专门派来专家进行设备调试，但专家使用日方规定的参数进行调试后，焊接效果始终无法令人满意。张翼飞凭借自己多年的经验，对日方沿用数十年的焊接参数进行了一定程度的修改，甚至一度修改了既定的极值，结果效果出奇地好，而张翼飞此前并没有调试该设备的经验。事后，日方专家专程来找到张翼飞，他诚恳地和张翼飞说："您是我的师傅。"

沪东中华造船集团一直享有"护卫舰摇篮"的美誉，在军舰建造上有着良好的口碑和信誉。早在20世纪90年代，张翼飞就注意到了二氧化碳焊对于修正焊接体变形问题的助力性，但由于以往焊接技师对于二氧化碳焊接认识过于片面而导致多年来二氧化碳焊在军舰上的应用仅限于上层建筑。这种限制严重制约了生产效率、产品周期。多年来，张翼飞根据自己对于二氧化碳焊的钻研和认识，在军船建造中积极推广和发扬二氧化碳焊的高效性。在硬件上，张翼飞用数据说话。他多次试验反复对比二氧化碳焊与手工电弧焊之优劣，用一纸无可挑剔的报告说服军方代表，使他们同意将原先只在上层建筑处使用的二氧化碳焊推广到全船。最终使沪东中华造船集团在二氧化碳焊上的应用远超其他兄弟船厂。

张翼飞并没有满足现有的成绩，他后续又在某大型军舰上成功推广应用了二氧化碳自动横对接焊工艺，从技术层面实现了生产效率的大跃升。自张翼飞成立研发办公室之后，他不断地深耕新技术、新工艺领域，积极参与公司新型军舰的焊接研发工作。他根据不同船型选用不同的钢材和焊接材料反复施焊，再进一步通过模拟分段的实际施焊来掌握切实可靠的焊接参数，最终根据这些可靠的参数选择该船的焊接技术，以确保船体的顺利建造。我们常说"对症下药"，张翼飞亦然。他根据焊接的不同情况采用不同的施焊方式，焊接是张翼飞"一个人的长征"，他在军船建造中自始至终秉持着求真务实的态度，自他少年时代迈入焊接行业开始，创新勤奋的工作信仰就一直深耕于内心。他以自己的真才实学不断赢得社会各界的认可与敬重，驻沪东中华造船集团的军代表非常信任张翼飞，提出凡参与公司军船建造的焊工都必须经过张翼飞的培训与考核。就是从这个时候开始，张翼飞承担起大量的人员培训任务，平均每年要为公司培训焊工超过600人次，这些焊工最终投入军船建造中，由此在人员上保障了军舰焊接的高质量。张翼飞从业数十年，为沪东中华造船集团提高生产效率、推动产品结构转型升级、保证军舰的焊接质量，为我国海防建设作出了积极贡献。

⊙ 2016年，张翼飞（右二）对工人们进行现场指导

一辈子，一件事

在这片中华大地上，许多人只是在一件事、一个行业上就倾尽了一生之力。人们总是无法面面俱到，于是力求在一个领域深耕下去，这是张翼飞对于职业的理解。这些年来，他笔耕不辍，接连产出多篇论文。已经年逾花甲的他重整旗鼓，在迈入21世纪第二个10年之际再披战袍，重整出发。这一年，他带领工作室成员开发研究自动化机械焊接设备，并逐步用埋弧自动焊取代了二氧化碳手工焊，将新技术应用于船体的横向对接焊。这是张翼飞将二氧化碳焊应用于军舰制造后的又一次革命性创造。实践是检验真理的唯一标准，张翼飞经年累月对不同情况下的焊接成果进行试验，考虑到了板材厚度、级别规格等多种变量对焊接效果的影响，并在X光拍片、外观质量、力学性能等方面得出经验性结论，同时取得了CCS和DNV两大船级社的证书认可。就是在这样的情况下，埋弧自动焊的适应性明显强于二氧化碳焊的猜想得到了证明。埋弧自动焊横对接工艺技术不受外部气候条件和焊工自身因素的影响，一经应用就在造船业得到了普遍推广。埋弧自动焊的应用可以使焊接的生产工作效率至少提高30%，焊接质量得到进一步提升。

2020年，已经63岁的张翼飞配合设备厂商正式推进实施横向埋弧自动焊接设备的升级。本次升级主要体现在重量上，经过5次工程反复研磨，埋弧自动焊的设备重量由一开始的1吨多直接下降为20公斤，从前工人们操作十分不便的"大家伙"现在变成了一个人也能轻松提起的方便设备。此外，张翼飞也配合厂商在焊丝直径上进行了一定程度的缩减，直径从原先的2.4毫米直接缩减到了1.6毫米。在设备升级后，首次在全球最先进的化学品船FB02分段上的试焊也获得成功，这标志着我国船舶建造中横向大接缝自动埋弧焊接难题已被攻破。这是张翼飞晚年的另一个创举，也申请并获得了发明专利。

许多人在采访中依然会问张翼飞一个老生常谈的问题，这个问题张翼飞从他的青年时代一直回答到了今天。他在回答工友、回答徒弟、回答记者时，也是在回答着他自己。

"你觉得你成功背后的秘诀是什么？"

"不忘初心，耐住寂寞，执着攀登。"张翼飞如是说。

如果说张翼飞是东海上长久翱翔的鹰，那么焊接工艺就是他的双翼，沪东中华造船集团则是他的归乡。在那些岁月斑驳、年华老去的回忆里，张翼飞将世界比作自己的熔池，他的成功来源于这个世界，他的小家生活也存在其中。

现如今焊接在年轻人一代中的受欢迎程度有所下降。对此张翼飞坦言："若想吸引年轻人投入焊接工业，只能从最根本的从业环境开始改变。"随着时代的发展变迁，发源于实践的焊接工业显得有些青黄不接，但新兴技术可以帮助技工们摆脱许多操作困境，这也正是张翼飞重点关注的。他经常在采访中将自己的一生比作熔池，经过踏实、纯粹的熔炼，最终化为工人的现实生活。终此一生，行此一事。

⊙ 2020年，张翼飞研究横向埋弧自动焊（细丝）设备

第四章　岁岁青

扫码解锁

◎群英颂歌◎致敬匠心
◎精进技艺◎奋斗底色

春泥

　　张翼飞1957年2月28日出生于上海的一个普通家庭。张翼飞的父亲原籍在江苏淮安，新中国成立前为躲避战乱辗转来到上海。父亲家原在农村专门做药材营生，遭逢战火纷扰，村子里的人走的走、逃的逃，药铺难以为继，一家人几乎断了经济来源，生活变得举步维艰。张翼飞的父亲在幼时便被变相过继给了张翼飞的舅爷，舅爷家里有些小生意，他父亲在那边做学徒，日子虽然艰难，但起初是能勉强糊口的。随着战火的不断蔓延，舅爷的生意也做不下去了。张翼飞的父亲为了活着只好去投奔张翼飞的伯父。张翼飞的伯父是家族里唯一一个完整念过书的，对于很多事情都有自己独到的见解。伯父看准了长三角的发展态势，果断前来上海工作。那段时间伯父谋得了一个稳定的职位，在上海的公务所里做长期职员，生活不求大富大贵，但总归是能在战火中活命。后来伯父的日子越过越好，他便将张翼飞的父亲、叔父、奶奶一并接来上海。张翼飞的父亲少时给张翼飞的舅爷做过学徒，手巧的本事一直都在，于是他没事会做一些帮人修修钢笔、调调灯泡的零活，也算是勉强过活。

新中国成立后，日子变得稳定起来，父亲一家不用再四处奔波过活。适逢当地公安招户籍警，张翼飞的父亲便赶上机会报名去当户籍警。但这项工作没做多久，他便转行去中药店工作了。那段时间，中药店的生意比以往都要好得多。因为曾在政府机关工作过的原因，他对于许多政策的了解总是比寻常百姓要清楚些。那段时间里左邻右舍常来咨询张翼飞的父亲一些问题，每个人抱着疑问来，揣着理解和明白离去。张翼飞的父亲每天回答的问题有一箩筐，但他从始至终都是免费答疑，无论要回答问题到多晚，他都不会有一丝不耐烦。

张翼飞的母亲家还需从张翼飞的外婆那一代讲起。张翼飞的外婆是上海第一代的产业工人，当时在华美烟厂做女工，有着一份稳定的工作，家境也很不错。张翼飞的母亲立事很早，14岁就被外婆带到烟厂去上班了。外婆和她的子女们都有自己的工作，且外婆退休后也有退休金。可以说，张翼飞母辈的家庭情况相对于其他同时代的家庭是比较好的。

张翼飞的父亲、母亲共生了张翼飞四兄弟，张翼飞排行老二。在张翼飞的孩提时代，双职工父母无法每天照顾孩子，所以在没读书之前孩子们都是生活在外婆家的。可以说，张翼飞他们四兄弟的很多习惯都是在那个时候养成的。

张翼飞的外婆为人友善，乐善好施。在张翼飞眼里，如果周边有穷人家小孩或者要饭的乞丐来到外婆家门口，外婆是宁愿自己少吃一点也会施舍给这些人吃的。张翼飞在这种环境中耳濡目染，从小就乐于帮助他人，这种善良也一直延续到他工作时期。经常有人面对焊接难题束手无策时给张翼飞打电话，一句"张工"就使得张翼飞半夜里急急忙忙穿了衣服从家里赶去工厂。外婆一直耳提面命告诉四兄弟不准吸烟，张翼飞在那些个叛逆的青年岁月里也不曾学过吸烟。外婆在街坊邻里间一直充当着一个主事者，东家长、李家短之类的事情人们总是让这个老太太来评评理。外婆办事公道，人又善良，是这个街区的主心骨。外婆一直告诫张翼飞要行得正、坐得直，不要被人戳脊梁骨。外婆与所有期望孩子无病无灾长大的长辈一样，她希望这几个孩子老老实实做人，不要投机取巧。

小爱也有史诗

1982年，张翼飞和妻子在众人的见证下步入了婚姻殿堂，这一年张翼飞刚刚年满25岁。

张翼飞身高将近一米九，而妻子身高也有一米七四，这两人在男女中都属于身高出挑的人。妻子高中毕业后被分配到江苏的大丰农场，回沪后进了一家塑料制品厂。张翼飞与妻子是塑料制品厂的一位大姐介绍相识的，她对张翼飞的人品和能力十分看好，见二人皆身高出挑便索性介绍二人相识。二人认识后总要寻些机会多多相处，他们一起出去逛街约会。分别的时候，张翼飞站在妻子的家门口，他想问她："今天我表现得怎么样？你觉得我怎么样？我下次还能再约你出来吗？"但最后支支吾吾话到嘴边只留了一句："你什么时候再出来？"张翼飞说这话的时候并不敢看她的眼睛，他低下头来，两个人的影子摇摇晃晃，像是贴得很近。

"看什么时候有空。"妻子讲完这句话便与张翼飞告别了。张翼飞傻乎乎地站在门口和她挥手说再见，恍过神来才发现人已离开了。

张翼飞有些心神不宁，他在想她到底是什么态度，她到底愿不愿意再和他见面。但女孩子没有给出明确的回答。这件事让张翼飞觉得自己好像被放在炙热的火上烤，他看了一眼身边的焊工手上的活儿，钢铁在高温下熔化成铁水，炽热，滚烫，不消片刻又重新定型。

他确定自己很喜欢她，但他不确定对方是否如他一般，因为她是那么漂亮。

张翼飞怕自己不入对方的眼，慌张之下连忙寻了介绍人的弟弟，也就是他的同学去帮他打听妻子的心意，直到后面听到了令他满意的答复，他这颗悬着的心才缓缓放下。原来恋爱不像焊接，调好参数后就能直接操作，原来这是焊接外的世界最不可控之处。

张翼飞一直都很感激他的妻子。因为双方都是普通家庭，张翼飞的家庭更是如此，常常是四个孩子吃饱饭后家中就再没有余粮了。张翼飞在成婚前就和妻子主动坦白了家里的经济情况，父母真的没办法拿出很多钱来支撑这个即将成立的小家。妻子却并不在意这些，她一早就想通了。她告诉张翼飞，从当下这一刻开始，他们两个人就注定荣辱与共，相伴一生。她将两个人赚得的工资放在一起，用两个人的力量一起建立起这个家庭。妻子在那个困窘的年代坚忍地支撑起这个初建的家庭。那一刻张翼飞的内心是澎湃的，他已经窥见了自己未来的婚姻生活。

事实也是如此，自1982年两个人结婚以来，谁都没有藏过私房钱，家里所有的钱都存在几张银行卡里。银行卡就放在抽屉里，需要添置什么物件随取随用，大数额的两人商量，一切都默契成了刻在骨子里的习惯。张翼飞妻子的单位早些年就重视生产效率，经常举办一些劳动竞赛，多劳者多得。爱人勤快，做事麻利，效率也高，经常在竞赛中名列前茅，所以早些年妻子的工资是要高于张翼飞的。不仅仅是在工作岗位上，妻子平时在家里做家务的效率也特别高，从不拖延磨蹭。张翼飞成名后，经常有人和他们夫妇开玩笑，他们打趣爱人眼光独到，嫁给了一只潜力股。这时候，张翼飞往往一边笑着一边摆

⊙ 张翼飞与妻子的结婚照

手，他说在外面别人喊他一声"劳模"，在家里他应该喊妻子一声"劳模"。

妻子后来从塑料制品厂转到公交公司上班。由于工作性质，妻子倒班非常辛苦，有时候凌晨三四点钟就要上班。由于家离单位不近，她经常起得很早，但依然坚持把早餐全部做好。如果上晚班，妻子就会将晚上的饭也一并做好放在冰箱里。张翼飞经常笑称自己在家里是"甩手掌柜"，事实也确实如此，张翼飞从事的行业特殊，因此对生产节点有要求，有时张翼飞几乎是连轴转。妻子体谅张翼飞的不易，她扛起了照顾家庭的责任和重担。张翼飞从不觉得妻子做饭、收拾家务是天经地义的，他感谢妻子默默无闻的奉献，也清楚如果没有妻子这样无微不至的照顾，让他没有了后顾之忧，张翼飞就不可能将百分百的热情投入焊接事业上，更不会取得今日的成绩。

张翼飞与爱人的婚姻已经延续了四十余年，但两人争吵的次数屈指可数。张翼飞唯独记得一次吵架是因为家里的装修，二人意见不一致发生了摩擦，但争吵结束后两个人都后悔了。事情告一段落后，妻子告诉张翼飞："我不愿意和你吵了。"即便是舌头和牙齿也有摩擦的时候，张翼飞和他的爱人就算有矛盾了，基本上也都是当天就会和好，二人的婚姻就是如此和谐。

如今二人都已迈入人生的晚年，张翼飞觉得自己的婚姻好似涓涓细流，不似话本子里的那般轰轰烈烈，爱意藏在心里，倾泻在每日的柴米油盐上。平淡一样值得歌颂，小爱也有史诗。

扫码解锁
◎群英颂歌◎致敬匠心
◎精进技艺◎奋斗底色

愚鲁到公卿

"人皆养子望聪明，我被聪明误一生。惟愿孩儿愚且鲁，无灾无难到公卿。"苏轼被贬到黄州后，侍妾朝云为他生下了一个儿子，他在为孩子洗身时作了这样一首诗。父母都会对子女抱有美好的期望，但如若成龙成凤要背负太多的苦难与波折，那么父母宁愿子女"愚鲁"不作聪明人。张翼飞教子不求他一举夺魁，不求他功成名就，他只期望在儿子张帆成长的路上给孩子恰到好处的引导，给孩子更广阔的选择空间，让张帆成为真正的"飞鸟"。

张帆出生于1984年，那是张翼飞这个小家刚刚组建起来的时候。那个时候张翼飞工作忙，连日连夜工作是常有的事，张帆从小学到高中的家长会几乎都是由张翼飞的妻子去开的。张帆性格有些调皮，但并不是很捣蛋，可老师却觉得这个孩子性格有些问题。五年级的时候，张翼飞的妻子去开家长会，回到家之后气得一言不发。张翼飞心中了然，妻子是个急性子，而张帆又有些调皮，定是老师和妻子说了些什么。张帆对母亲的沉默早有预见，他猜到了母亲自家长会回来是一定要生气的，老师对他颇有微词，一度觉得他的思想出现了问题。张翼飞打破了僵局，他问妻子今天发生了什么事，妻子开始转述老师今天所讲的话。老师认为张帆思想品德存在问题，这是无法被人接受的。她觉得既伤心又挫败。

张翼飞知道事情大概后并没有立刻起身去指责张帆。他询问了妻子老师这样讲的原因，在了解了事件经过后，夫妻俩冷静下来一想，其实张帆犯的错误并不是多么严重的问题。顽皮是顽皮，道德败坏是道德败坏，两者之间存在着本质的区别。于是，张翼飞决定和张帆谈一谈。

他开门见山地对张帆说："你知道你今天犯了什么错吧，我原本应该惩罚你的。"张帆坦言承认，一人做事一人当，他已经知道这件事不对就不会再做了。张翼飞和孩子约法三章，如果张帆第一次犯错时能认识到自己的错误并保证不再犯第二次，那么不会被惩罚；如果再犯，无论张翼飞以何种方式惩罚，张帆都要接受。这就是张翼飞的教育方式。

父子俩平时的相处中也处处体现着民主。面对中高考，张翼飞会把决定权放在张帆手里。中考的时候正好赶上上海市开始实行分流考。所谓的分流考，就是将学生划分成两个方向：高中或者中专，成绩好一些的正常参与升学考试进入高中，成绩稍差的可以参与分流考进入中专。张翼飞参加完家长会回来得知张帆的平时成绩之后，直接去找张帆商量。张翼飞告诉张帆老师的建议，摸底考只考了200多分的他是不可能考进好高中的，老师希望他直接参加分流考，然后进入比较好的中专。张翼飞经常能在张帆身上看见自己当年不服输的影子，因为张帆告诉张翼飞，他是不会放弃的。

张翼飞听完张帆的话连忙解释道，他从未让张帆放弃，分流考只是老师的想法，他只是想和张帆商量一下这件事应该怎么处理。这是张帆自己的人生路，需要张帆自己进行抉择。张翼飞和张帆仔细分析，进入一所普通高中起码要400分，按照摸底考200多分的成绩来看，这之间存在着近200分的差距。如果想进入高中，那么从当下起就要努力学习；如果发现自己力所不及，尽早去读中专也是好的出路。张翼飞只和张帆相谈了

⊙ 张翼飞与4岁的儿子合影

一次，至于后面张帆怎么处理则在于他自己。他给予张帆充分的生长空间，儿孙自有儿孙福，或好或坏都要由他自己来承担。

不久之后中考成绩下发，张帆超出所有人的预料考了400多分，进入了一所普通高中，他顺利地实现了自己的愿望。张翼飞一直坚信，只有自己设定目标，才更有动力执行。

在张帆高三的时候，班主任同样找到了张翼飞，还是几乎同样的理由：以张帆现在的成绩进大专没问题，但如果想考一个本科难如登天。几次摸底考张帆的成绩都在200分左右，张翼飞心里清楚自己的儿子，很多事情、很多结果，只有他自己想清楚了，只有他真的想要，他才会为之努力。别人无论怎么说，嘴皮子磨薄了他也不见得会听。

张翼飞告诉妻子不要着急，他又一次与儿子相谈。他想知道儿子的态度。他告诉儿子，以他现在的成绩，考本科是非常困难的。他问张帆是想读大专还是读本科。张帆语气坚定，他告诉张翼飞："爸爸，我一定要考本科。"张翼飞循序渐进："考本科的话，你现在应该怎么做呢？"张帆顿了一下，计划已然明了，他联系母亲去书店购买大量的教辅材料，又拜托父亲打电话给班主任请假。张帆心里清楚，一旦他去学校了，他的朋友们又要带他出去打游戏，而他现在不想那样做了。他高三的最后一段时间是在家度过的，卧室门一关，只有笔在纸上的沙沙声。那段时间他把所有的答案都撕下来交给母亲，每天做两套考卷，等到晚上母亲下班就会把答案给他，他自己给自己打分，由此进步神速。张翼飞告诉妻子，只有张帆自己真的想做，他才会达成那个目标。

高考那天，张翼飞家里与往常无异，张帆早早地离开了家，张翼飞依然坚守在岗位。张翼飞和妻子心中都有着一种莫名的期盼，那是父母对于孩子最纯粹的祈愿。张翼飞在给张帆报志愿的时候，出于保守填写了上海工程技术学院，结果张帆的成绩出人意料地好，甚至可以进入上海师范大学读书。

高考结束的那天，夕阳比往日更艳，江南的梅雨一连下了好多天，那日却难得放晴，张翼飞喊来张帆打开两罐啤酒，易拉罐碰撞时发出清脆的响声。

张帆抬头问自己的父亲："你知道我为什么明明知道自己成绩不好，还一定要报考本科吗？"他咕咚一声咽下冒着气泡还冰冰凉的啤酒，告诉张翼飞："是因为爸爸你说过，作为一个男人，自己学历不高、工资又低，怎么能养家呢？"

现如今张帆已经毕业，参加了工作，他接过了父亲手中的接力棒，在沪东中华造船集团的信息所工作。张帆像极了父亲，如今已经是高级工程师的他对管理岗没有任何想法，他只想钻研技术，在自己的领域深耕。张帆已经组建了自己的小家庭，且已育有子女。沪东中华造船集团这个时代巨轮就这样承载着一代又一代的技术人员。

扫码解锁

◎群英颂歌◎致敬匠心
◎精进技艺◎奋斗底色

恒是青

一般人打电话，接通了会先讲"你好"，然后确认对方姓名或自报家门，最后才能谈些大小事宜。然而在张翼飞的职业生涯中，电话总是急匆匆地响起又急匆匆地被挂断。有时甚至来不及搞清楚对方是谁，张翼飞总是最先捕捉问题，也因此产生了许多令人忍俊不禁的事情。

如何请得动沪东中华造船集团的"焊神"张翼飞帮忙解决焊接问题呢？只需一个电话，简单讲清楚目前的问题在哪儿、哪个流程无法继续。无论春夏秋冬，无论清晨还是深夜，甚至无论你是谁，只要你向张翼飞阐明了你的焊接问题，张翼飞都会回复你。

有一次设计部门的领导给张翼飞打来电话，拜托他帮助沪东中华造船集团攻克一个难题。张翼飞来不及寒暄，他直接问了当事人在哪里，便立刻出发了。事实上张翼飞并不认识那个设计部的领导，赶来接他的师傅是谁他也不认识。他全然不在乎这些，他只在乎一点：焊接有问题。"如果焊接有问题找张翼飞就是没错的"，张翼飞心里清楚这是自己在焊接工作上最大的作用。他就这样帮助许多"陌生人"解决了焊接问题。

曾经浦东一个职业院校要进行工人培训，培训的项目涵盖多个工种，数控加工都有，唯独少了焊接。负责人连忙请张翼飞前去指导培训，张翼飞当时带着三个人一同前往。学校的负责人见是张翼飞一行人来了，连忙远远地迎上前去，他问张翼飞一天的工费是多少钱，学校一定满足。张翼飞听了这话很是诧异，他坦白讲真的不清楚自己一天值多少钱，但是他明白一件事，只要学校这边存在和焊接相关的问题，他就会帮助解决问题，而校方要做的就是验收效果。至于有没有钱，这并不重要，张翼飞也根本不在乎。

张翼飞带徒弟是经过挑选的，他并不是什么类型的徒弟都会纳入门下。他看重两点：一是为人坦率，不斤斤计较；二是做人本分，要能吃苦。张翼飞是一个非常踏实的人，焊接行业也需要踏实肯干的人。他的观点就是有事说事，没事就要好好练技术。焊接行业不需要城府多深、多么懂得运筹帷幄的年轻人，心思太活络是难以安定下来认真工作的。当初张翼飞这里来了四位技校实习生，在大家都干活的时候，只有秦毅一个人在埋头工作，另外三个不知道跑到哪里玩去了。张翼飞问他怎么不和其他同学一起出去玩，秦毅也不讲话，只是笑笑不吱声。张翼飞又问他会焊吗，秦毅态度谦卑，他说自己想试着焊焊看。焊出来的成品在张翼飞看来中规中矩，倒也没什么问题。张翼飞出去的工夫，秦毅就把焊缝全都焊好了，这是很有难度的，但秦毅焊得漂亮。这件事之后，四名技校生实习结束。上海市总工会举办"百名高师带徒"活动，张翼飞指名要秦毅当徒弟，他就是看重秦毅不偷懒、不耍滑这一点。

秦毅当年刚进沪东中华造船集团的时候年龄是最小的，他和有经验的选手一起参加比赛，结果谁都没有想到比他年纪大且经验更丰富的几人都没有拿到好名次，而秦毅出乎所有人的意料，拿到了第一名。张翼飞一直觉得秦毅在焊接上是有天赋的，甚至可以说就是为焊接而生的。张翼飞第一次成立个人工作室的时候，秦毅就是工作室的成员之一。工厂承接LNG船前要挑选一个技工去学殷瓦钢焊接，秦毅凭借着自己超高的悟性一举中选。再后来单位又单独成立了殷瓦焊接工作室，秦毅便被调去殷瓦焊接工作室工作。2021年的时候，秦毅凭借自身超高的焊接技术拿到了中华技能大奖。回溯到1996年，时间跨越近30年，那年正是张翼飞获此殊荣的年份。一项荣誉两代传承，这就是张翼飞师徒的长青。

在张翼飞的众多徒弟当中，有一个孩子叫刘鹏鹏。他出身于河北邯郸农村，2006年从技校毕业进入沪东中华造船集团，那时候他刚刚18岁，被分配到沪东中华造船集团的总装一部。张翼飞在第一次给他授课时候所讲的话，他至今都记得："船舶是由一块块钢板焊接而成，我们要对每一条焊缝负责，因为每一条焊缝的质量，都关系到船舶的航行安全及船上人员的生命安全，所以产品就是精品，你们必须学好技术，要为国防事业做贡献。"工厂里总有人拿别人取乐，有的人会为了看别人出丑而故意喊那人在众目睽睽之下焊接。刘鹏鹏是很实诚的人，他什么都不说，别人让他焊接他就焊接。后来张翼飞找到他，他问刘鹏鹏："你知不知道他们在拿你寻开心？"刘鹏鹏摇头，他说他觉得大家都很好。张翼飞也正是看重刘鹏鹏这点，没有心机，一门心思扑在焊接上，有他当年的影子，才将

⊙ 2022年，张翼飞（右二）对焊接视频的拍摄进行现场指导

他也收为徒弟。刘鹏鹏从小并没有太多参与大型比赛和活动的经历，之前在沪东中华造船集团参与各种比赛几乎都没有拿到名次。刘鹏鹏一参赛就会紧张，他总是怕自己失误，一场比赛开始到结束，整个人汗透衣襟，下场的时候像被水洗了一样。他屡次参加比赛都没有取得名次，厂里已经有许多人对他不再抱有希望。但张翼飞始终相信他，他认为刘鹏鹏不是没有能力，他很上进，只是真正的实力没发挥出来。最后一次机会交到刘鹏鹏手里，他果真不负众望，拿到了上海市的第一名，这是沪东中华造船集团参赛选手取得的最好的成绩。后来他又不断地取得焊接比赛中的全国银奖、上海市金奖等。

张翼飞还曾看中过一个徒弟，他与刘鹏鹏的情况全然不同，此人非常聪明，几乎一点就通，如果能坚持在焊接领域工作的话将来一定很有成就。但他家里的条件很好，人脉也很广，工作没有几年就不准备继续吃焊接的苦了，转去了更轻松的工作岗位。后来张翼飞选徒弟的时候，更愿意选择能吃苦耐劳的人。张翼飞觉得焊接需要的就是这种踏实肯干的人。

张翼飞曾与这些手下的"小不点儿"们一样，都是从学徒起步，最终成为一代"焊神"。无数的光环与称号加诸身上，光芒的背后是他数十年如一日的坚持与汗水。50年来，张翼飞挥汗如雨，他在不断攻坚克难的同时笔耕不辍，将这些年来的经验汇总成文字。他坚持奋斗在一线，无数的青年才俊成了他的衣钵传人……

张翼飞视名利为无物，一向不甚在乎。今天的张翼飞在年逾花甲之后更是将时间和精力都放在了钻研新技术、新工艺和人才培养上面。众所周知，在焊接工业有个习以为常的规定：焊工属于特殊工种，55岁即可退休。然而张翼飞今年已经67岁了，他依然有"老骥伏枥，志在千里"之雄心，他始终关注着中国船舶业，并期望可以为它的发展作出进一步的贡献。

张翼飞最骄傲的是他带出来的无数的优秀人才，据统计，他已先后带出7个全国技术能手、6个省级劳模、18个高级技师、8个政府特殊津贴享受者。那些年孤身一人闯进上海的农村小伙们一个个拥抱了新生活，坐上了时代的先进快车。比如那个默不作声的技校生秦毅就已然成为"大国工匠"——中国殷瓦焊接第一人。

徒弟们眼中的他

对于刘鹏鹏而言，张翼飞更像是一个与自己无血缘关系的父亲。

成长过程中，人们常有骄傲自满的时刻。取得第一名，或者拿到了特等奖，或者赢得了自己一直以来追求的东西，在这样的时候，整个人一下子被推到了舞台的中心，自尊心就会膨胀，自满就由此而来。刘鹏鹏从河北的一个小村庄走出，一夕之间走进上海，又拿到了相当不错的名次，一时间重心失衡坠入自满是不可避免的。张翼飞也是从刘鹏鹏这年纪过来的，他总是对这个农村小伙格外上心。张翼飞不止一次地教导刘鹏鹏要低调做人、高调做事。慢慢地，刘鹏鹏也逐步成长，稳重了许多。

曾经的刘鹏鹏在行为举止上总是不在意一些细节，譬如他常常对工厂里一些老师傅直呼其名，乃至对工作中一些没有技术含量的小活挑挑拣拣。刘鹏鹏年轻气盛，意气风发，并没有意识到不妥。后来这些事情慢慢地传进了张翼飞的耳朵里，张翼飞并没有摆出一副严师的架子来批评刘鹏鹏，而是从自身这些年的经验出发，讲了许多勤能制胜、俭以养德的故事让徒弟明白谦卑做人的道理。在那之后，刘鹏鹏认识到了自己的失态，开始关注自己的一言一行。

现在的刘鹏鹏已经破茧成蝶，用他自己的话来说就是从"技术小白"成长为焊接高级技师。这些年来刘鹏鹏先后获得了上海市五一劳动奖章、全国优秀农民工等荣誉，他成功地踏上了一片崭新的领域。

在刘鹏鹏眼里，师傅虽然退休了，但这些年师傅一直关注着公司乃至船舶业的发展。张翼飞对于新工艺、新技术的不断研发践行着新时代的工匠精神和劳模精神。"一日为师，终身为父"，张翼飞的精神不断地提醒着他，也在鼓励着他，向着正确的道路上不断地前行。

在王忠平眼里，张翼飞是他想要成为的榜样。

在他十七八岁的年纪刚从技校出来实习时，他与张翼飞的师徒缘分就展开了。那时候张翼飞是他的实习师傅，张翼飞对这个初出茅庐的小伙子尤其上心。王忠平经常一边听着张翼飞的教导，一边暗暗期待，如果工作后还能和张翼飞延续师徒缘分就好了。后来，王忠平从沪东技校毕业后果真被分配到了张翼飞的班组，张翼飞与他正式确立了师徒关系。在王忠平的眼里，自己的师傅永远是最特别的一个。在那时候的工人队伍里，技师普遍文化水平不高，在工作中遇到问题时总有些难点是其他师傅无法讲清楚的，但张翼飞总是能化繁为简，将最复杂的东西用最简单的原理告诉给徒弟们。功夫积攒于毫末之处，张翼飞在焊接知识上要求上进，他工作几十余载，其他师傅工作结束后总是在下棋打牌，但张翼飞总是自己一个人默默地坐在旁边翻看专业的焊接书籍。师傅如此用功努力，身为徒弟的王忠平很难不被张翼飞的恒心打动。近朱者赤，在王忠平跟随张翼飞学习的日子里，他也逐渐地喜欢上了钻研理论知识，不断地探索新技术。理论是工艺的基础，可以说张翼飞帮助王忠平推开了焊接的大门。在技术上，张翼飞是王忠平当之无愧的指导师傅。随着时间的流逝，张翼飞对王忠平的教诲也逐渐深入他的生活中。张翼飞教会王忠平如何在这个变化万千

⊙ 2022年，张翼飞（左二）为焊工们进行现场指导

的世界里自处，他们变得越来越无话不谈，无论是在工作还是生活上。不仅王忠平如此，张翼飞的徒弟们尽是如此。随着年龄的增长，无论是在生活中还是在工作上遇到难题，王忠平总是会第一个想到师傅。师傅教他做人做事总要有一颗感恩之心，这样才能从容面对人生的起伏。近些年，王忠平享受国务院政府特殊津贴，同时获得了全国技术能手、上海工匠等多个荣誉。行至高处时，师傅张翼飞给予他的教导还能不断地回响在他的脑海，踏实、感恩才能长长久久。王忠平心里清楚，唯有自己在这条焊接的路上不断地前进，不断地做出新的成就，才能报答师傅对他的悉心栽培。他期望着人生往后的几十年能同诸位师兄弟一起推动国家的船舶行业发展，传承师傅之衣钵，践行师傅之准则。

在杨磊眼中，张翼飞是厂里所有师傅当中最特别的一个。

杨磊在技校时期成绩出色，比赛成绩优异，早在1996年，他还没毕业便被特招进了沪东造船厂。初出茅庐的杨磊难免有些心浮气躁，总是有着"一日看尽长安花"的心气。杨磊在没遇见张翼飞之前就是如此。在遇见张翼飞之后，杨磊才深刻体会到什么叫作"人外有人，天外有天"。沪东造船厂里的师傅有许多，但张翼飞在杨磊眼里永远是最特别的那个。张翼飞在那个时候已经是名震一方的焊接大师了，但他从未端过所谓"大师"的架子。张翼飞常常和年轻人打成一片，但只要触及焊接的专业领域，张翼飞就会像变了一个人一样，立刻较真起来。问题大到难以厘清，小到难以发现，张翼飞都会认真地批评指正，并且用通俗的语言将焊接的道理讲清讲透。当时单位的电焊师傅们存在着一个普遍的问题，就是实践和理论两极化：要么精通于实践，理论基础弱；要么理论基础强，但实操功夫差些。只有张翼飞一个人能做到将理论和实践相结合，并且真正地达到"传道受业解惑"。

张翼飞不止一次地告诉杨磊："做事先做人，只有把人做正了，事才能做好。"张翼飞勤于精业，俭以养德，在焊接问题上不仅教授知识给他的徒弟们，即使是一个素昧平生的人就焊接问题与张翼飞讨论、请教，张翼飞也能拿出十足的精力倾囊相授。在杨磊考高级技师的时候，论文撰写方面常常出现各种问题，张翼飞几乎逐字逐句地为他挑出论文中用词、用句、引用等方面不严谨的地方。修改论文的张翼飞全心投入，忘记了下班的时间，也不记得还要吃晚饭，直至杨磊的论文全部修改完毕。现在的杨磊已经成为电焊组组长，该班组承接了张翼飞的班组，一度成为全国学习型标杆班组、全国质量信得过班组等。在杨磊接连摘取人生事业上的桂冠时，张翼飞的行为作风总是在无形中鞭策着他，那个"最特别的人"最终成为杨磊一生的信仰和标杆。

在张九新眼里，师傅总是一视同仁的。

2006年进入沪东中华造船集团的张九新是名副其实的新人小辈，现在的他已经成为技术质量科焊接工程师，而他与张翼飞的缘分始于刚进集团时的现场实习。机缘巧合下他被分到了造船一部施工技术科，也正是在这里，张九新命运的齿轮发生了转动。

张九新第一次遇见张翼飞时，他觉得师傅好高，看起来是很严肃的，但接触了一段时间之后，张九新渐渐发现师傅很随和。尤其是在焊接问题上，师傅一视同仁，无论焊接工人是什么学历什么出身，只要向张翼飞提出有关焊接技术上的问题，他一概知无不言，言无不尽。

张九新在学校时的学习成绩并不优异，专业理论上也是落下同龄人一截。张九新因此经常会在课上或者实践中向张翼飞提出一些很基础甚至是外行人才会问出的问题，譬如"为什么在现场使用二氧化碳半自动焊焊接对接缝的时候要贴衬垫"等。张九新的话音刚落，张翼飞身边的老师傅们听到这话都开始偷笑，张九新霎时间红了脸，丧失了再次提问的勇气。但张翼飞不然，他不理会那些偷笑的人，非常详细地和张九新讲述最基础的知识，包括焊接方法的具体划分，然后再从理论和实践两个角度讲述不同焊接的特点和注意事项。张翼飞的认真是动人的，也在无形中捍卫了一个基础差的学生的自尊心。

在长期接触下来之后，张九新发现张翼飞热爱并投身于新视野和新技艺。每每公司出现了新材料，第一个冲上前去了解的人一定是张翼飞。这种了解并不是浮皮潦草地简单带过，而是他要深入专业领域，包括材料的化学成分、焊接特性等理论方面，还有参数等实际操作方面。正是这种钻研精神无数次打动了张九新。张翼飞曾和张九新讲述过自己年轻时为了钻研新技术不顾公司的既定下班时间也要学习二氧化碳焊接的故事，比如了解二氧化碳焊接的具体性能如何，与常规的焊条电弧焊相比的优势又在何处。张九新在张翼飞的描述中看见了一个与他自己一般同样年轻、对电焊事业抱有极大热忱的师傅。

在朱建华眼里，张翼飞是他的引路人。

朱建华进入沪东造船厂的时间很早，20世纪80年代技校毕业后他就被分配到电焊班做焊工，那个时候的他还不曾与张翼飞建立师徒关系。他跟着班长做学徒，而他的另一个同学跟着张翼飞做学徒。机缘巧合之下，朱建华在张翼飞的鼓励下拿起了焊枪。那段时间沪东造船厂很忙，带着朱建华的班长常常要去忙班组杂务，张翼飞在闲暇时刻会顺带着检查朱建华的焊接成果。张翼飞见朱建华焊接的效果还不错，他多次鼓励朱建华，后来朱建华渐渐地焊接成型，开始有模有样地焊接产品。在沪东造船厂的导师制度实行后，朱建华成了张翼飞的第一个研修生。在张翼飞的一路指引下，朱建华从沪东造船厂一个普通焊工起步，最终成长为全国技术能手，他几乎拿遍了上海市焊接行业的所有荣誉。回头看去，他发现自己的老师张翼飞依然立在桥头远远地望着他。

1993年，张翼飞成为大接头班组组长，朱建华成了他的副手。那段时间，张翼飞带出的班组可以说是沪东造船厂的一把尖刀，厂里出现的焊接大小难题都由班组成员前去解决，同时班组还承接着年轻焊工的培养任务。在张翼飞的劳模工作室成立后，朱建华继续在张翼飞身边做副手，他们一起攻克了许多项目难题。

有段时间公司开设了焊接试验室的工作，但试验室名额有限。朱建华和张翼飞同时申请了试验室的工作，他们都一样地渴望着上进和学习。张翼飞知道自己占了名额可能会让朱建华落选之后，他立刻主动找到领导放弃了机会。他说："朱建华年轻，有文化基础，让朱建华去吧。"就这样，朱建华进入了焊接试验室，学习到了许多在生产上学不到的知识，而这些与张翼飞的让贤全然相关。

关于师徒关系，张翼飞是这样想的：徒弟初入行，师傅是一盏灯，照亮徒弟前行的路。等师傅老了，徒弟就成了师傅的拐杖，帮着师傅走得更远。